Miranda Kerr

So kommst Du mit dem Leben klar

MIRANDA KERR

SO KOMMST DU MIT DEM LEBEN KLAR

Spaß, Liebe und die Erfüllung Deiner Träume

Aus dem Amerikanischen übersetzt von Thomas Görden

Allegria

Die Originalausgabe erschien 2010 unter dem Titel
TREASURE YOURSELF
im Verlag Hay House, Carlsbad, USA

Allegria ist ein Verlag der Ullstein Buchverlage GmbH
Herausgeber: Michael Görden

ISBN: 978-3-7934-2221-1

Übersetzung: Thomas Görden
Lektorat: Marita Böhm
Umschlaggestaltung: Frankl Design, München
Satz: Keller & Keller GbR
Gesetzt aus der Minion
Druck und Bindearbeiten: OAN, Zwenkau
Printed in Germany

DU

Es ist nicht so, dass wir schwach wären …
Wir sind viel stärker, als wir es uns vorstellen.
So viele von uns sehen aber ihre eigene Stärke nicht,
sondern nur die der anderen.

Was wäre, wenn wir uns selbst so gut nähren
und inspirieren, dass wir unsere eigene
Größe entdecken und erleben?

Was wäre, wenn wir schließlich erkennen,
dass wir nur durch unser Denken begrenzt sind,
durch das, was wir in unserem Leben für
möglich oder unmöglich halten?
Denn das ist für uns die Wahrheit …
nicht mehr und nicht weniger.

Unsere Gedanken, das, was wir über uns selbst,
andere Menschen und die Welt denken,
bestimmen unsere Erfahrungen.

Viel zu oft vergessen wir, dass wir
jederzeit die Wahl haben, unser Leben,
unsere Existenz zu verändern.

Viel zu oft werden wir von dem getrieben,
was wir unserer Meinung nach sind
oder sein sollten, statt unsere Möglichkeiten
zu entdecken und zu entfalten …

Manchmal entscheiden wir uns dafür,
wütend, undankbar, nachtragend und eifersüchtig
zu sein, obwohl wir doch die Fähigkeit besitzen,
zu akzeptieren, zu verzeihen und dankbar für
alles zu sein, was wir haben …

Entscheide dich (*mit Güte im Herzen*) dafür,
mutig und abenteuerlustig in dieser Welt zu leben,
und erkenne alle an, die ebenso leben,
denn sie haben überwunden,
was viele noch überwinden müssen:
die Angst, herauszufinden, wer sie wirklich sind.

Schau nach vorn und träume von den
Möglichkeiten in deinem Leben …
Und erinnere dich, dass das Einzige,
was dich begrenzt, deine Gedanken sind.

Nur du selbst hast die Macht,
dein Denken zu ändern.
Verändere deine Gedanken und verändere
dadurch deine Welt.

Miranda Kerr

*Dieses Buch ist all den erstaunlichen, einzigartigen
und talentierten jungen Frauen dieser Welt gewidmet.
Möget ihr durch dieses Buch und durch eure
eigene Reise der Selbstentdeckung erkennen,
wie wunderbar ihr tatsächlich seid.*

Inhalt

Zu Beginn des Frühlings spazierte ein Mädchen durch einen Garten. Plötzlich sah sie einen Kokon an einem Zweig hängen. Der Schmetterling stand kurz davor, auszuschlüpfen. Fasziniert von ihrer Entdeckung, kam sie nun täglich in den Garten, um nichts von dem zu verpassen, was mit dem Kokon geschah.

Eines Tages erschien dort eine winzige Öffnung, und das Mädchen beobachtete, wie der Schmetterling darum kämpfte, sich aus seinem Kokon zu befreien und in eine neue Welt zu gelangen. Sie schaute aufmerksam zu – bis es den Anschein hatte, der Schmetterling stecke fest und schaffe es nicht, sich zu befreien.

Das Mädchen traf spontan eine Entscheidung. Sie entfernte Teile des Kokons, die den Schmetterling behinderten. Aufgeregt sah sie dann zu, wie er aus dem Kokon hervorkroch, und hoffte, dass er seine Flügel entfalten würde. Aber ihre Aufregung verwandelte sich in Schrecken, als der Schmetterling reglos dasaß, offenbar unfähig, seine Flügel zu gebrauchen.

Und da begriff das Mädchen: Der Kokon war dazu gedacht, den Widerstand zu erzeugen, den der Schmetterling brauchte, um fliegen zu können. Der Schmetterling hatte gar nicht gewollt, dass ihn jemand aus dem Kokon befreite … denn der Widerstand war die Methode der Natur, seine Flügel stärker zu machen. Dem Mädchen wurde klar, dass der Schmetterling dem Kokon sogar dankbar für die notwendige Mühe war.

Anonymus

Geschichten über die Natur und darüber, wie es ihre Geschöpfe schaffen, den Stürmen des Lebens zu trotzen, erinnern mich daran, allem, was um mich herum existiert, mit Wertschätzung zu begegnen, dankbar zu sein für alles, was ich habe, und alles, was sich erst noch entfalten muss. Die Geschichte mit dem Schmetterling mag ich sehr, und sie hat eine besondere Bedeutung für mich.

Manchmal bin ich das Mädchen – ungeduldig, leicht erregbar und mit der voreiligen Neigung, mich einzumischen, statt die Ereignisse sich natürlich entfalten zu lassen. Meistens bin ich aber der Schmetterling: Ruhig und tapfer stelle ich mich den Herausforderungen des Lebens und wachse an ihnen, werde stärker durch sie.

Das Leben hat mir ein paar Steine in den Weg geworfen, und jeder dieser Steine hat mir geholfen, an Stärke und Selbstvertrauen zuzunehmen und zielstrebiger zu werden. Ich habe erkannt, dass jede Herausforderung, jedes Hindernis – jeder Stein, der mir im Weg lag – mir geholfen hat, der Mensch zu werden, der ich heute bin.

So über die Dinge zu denken hat mir sehr geholfen, schwierige Zeiten zu akzeptieren, ja, sie sogar als Gelegenheiten zu persönlichem Wachstum willkommen zu heißen. Wir alle sind dieser Schmetterling in der Geschichte, dazu bestimmt, als wunderbare, begabte und talentierte Individuen aus unserem Kokon zu schlüpfen. Die Reise jedes Menschen ist einzigartig; die Farben auf unseren Flügeln sind nicht die gleichen, aber am Ende des Tages haben wir alle das gleiche Ziel – uns hinaus in die Welt aufzumachen und zu fliegen. Gäbe es auf unserer Reise keine Hindernisse, würden wir uns als Individuen nicht entwickeln. Ich glaube, dass diese Herausforderungen uns stärker machen.

Ich habe enormes Zutrauen in die Macht des positiven Denkens. Wir alle verfügen über grenzenlose Möglichkeiten, und wenn wir die Hindernisse akzeptieren, die unseren Weg kreuzen, und unsere Lektionen lernen, können wir unser volles Potenzial erreichen. In diesem Buch schildere ich meine bisherigen persönlichen Lebenslektionen, ergänzt durch von mir gesammelte Weisheiten anderer Menschen, die ich bewundere und die mich inspiriert haben.

Wenn du dieses Buch liest, wirst du feststellen, dass ich die Metapher verwende, Frauen/Mädchen seien so einzigartig und individuell wie Blumen. Beispielsweise ist eine Rose anders als eine Lilie, und doch sind beide gleichermaßen erstaunlich und wundervoll. Und eine Frangipani ist auf ihre Weise ebenso einzigartig und schön wie eine Orchidee.

Zu meinem Glück haben im Lauf der Jahre wundervolle Frauen mein Leben bereichert. Meine Mutter, meine Oma, Tanten, Mrs Middlebrook, Freundinnen, Arbeitskolleginnen – sie alle spielten eine unverzichtbare Rolle und haben mir bei meiner Entwicklung geholfen oder mein Leben interessanter gemacht. Jede dieser Frauen ist vollkommen einzigartig und schön – wie die verschiedenen Blumen. Ich habe jede von ihnen gebeten, als Beitrag zu diesem Buch ihre jeweilige Lieblingsblume zu malen, als Anerkennung dafür, wie viel sie mir bedeuten. Ihre Blumenbilder habe ich in die Kapitel dieses Buches platziert. Ich bitte dich, die Einzigartigkeit und Liebe dieser Frauen mit mir zu teilen und es ihnen zu ermöglichen, dir etwas mit auf deinen Weg zu geben. Ich liebe sie und danke ihnen dafür, dass sie Wegbegleiterinnen auf meiner Reise sind und mein Leben bereichern.

Ich glaube aufrichtig, dass uns nichts daran hindern kann, unsere Träume zu verwirklichen und uns das Leben zu erschaffen, das wir uns wünschen. Dazu ist es lediglich notwendig, dass wir unser Denken verändern. Ich liebe die folgenden Worte von Louise L. Hay: »Jeder Gedanke, den ich denke, erschafft meine Zukunft.«

Es ist so wichtig, positiv zu bleiben und »Ja!« zum Leben zu sagen. Ich nutze positive Affirmationen, weil sie mir helfen, dieses Gefühl des Positiven aufrechtzuerhalten. Bestimmte Sprüche und Worte haben mir Kraft verliehen und mir geholfen, meinen Träumen zu folgen und meine Ziele zu erreichen. Wenn du sie jeden Morgen und jeden Abend aufsagst – und viele Male während des Tages –, können solche Gedanken der Kraft auch dir helfen.

Ich möchte das, was mich inspiriert hat, an dich weitergeben, damit du dich selbst wertschätzt und an dich glaubst, auf deine Fähigkeiten vertraust, dich selbst akzeptierst und deine einzigartigen Gaben entdeckst und entfaltest. Wir alle haben Flügel, aber es liegt an uns selbst, ob wir den Mut entwickeln, zu fliegen. Ich hoffe, dass die Worte und Affirmationen in diesem Buch dir helfen werden, auch in schwierigen Zeiten deinen Träumen treu zu bleiben und sie zu verwirklichen. Wenn wir aktiv handeln, können wir im Leben alles erreichen.

Manchmal sind Herausforderungen und Anstrengungen genau das, was wir im Leben brauchen …

Mögest du jede Mühe, jede Anstrengung und jede Herausforderung willkommen heißen und alle deine Segnungen wertschätzen … Breite deine Flügel aus und fliege!

Miranda Kerr

Belinda

Hannah

Maja

Miranda

Lebenslektionen

Nachfolgend erfährst du ein wenig aus meinem Leben,
damit du verstehst, wie ich dorthin gelangte,
wo ich heute bin.

Landleben …

Alles begann für mich in Gunnedah, New South Wales – einer Kleinstadt im ländlichen Australien. Gunnedah ist ein typisches Landstädtchen. Jeder kennt jeden, und die Leute sind einander nicht gleichgültig, sondern man kümmert sich umeinander. Es ist eine schöne kleine Stadt, umgeben von einer weiträumigen Natur. Wie in anderen Kleinstädten auf dem Land gibt es in Gunnedah keine Kaufhäuser und Shoppingcenter.

Ich wurde zusammen mit meinem wunderbaren, gutherzigen Bruder Matthew von meinen Eltern erzogen, und meine Großeltern, Cousinen, Tanten und Onkel lebten alle in der Nähe. Ich verbrachte eine gesegnete Kindheit und bin sehr dankbar, dass meine Familie mir zeigte, was bedingungslose Liebe, Verständnis und Akzeptanz sind. Von meinen Eltern habe ich viele wertvolle Lektionen gelernt, und ohne ihre beständige Unterstützung wäre ich ganz sicher nicht dort, wo ich heute bin.

In meiner Kindheit gab es viel Spaß, Aufregung und Abenteuer. Meine Eltern, mein Bruder und ich wohnten in der Kleinstadt, aber täglich holte unsere Großmutter Matthew und mich von der Schule ab, und wir verbrachten mit unseren Vettern und Cousinen und den Kindern, die unsere Oma als Tagesmutter betreute, unsere Tage auf der Farm meiner Großeltern. Wir fuhren Motorrad, ritten, fuhren mit alten Autos auf der Pferdekoppel herum, bauten Spielhütten, verkleideten uns und kletterten auf Bäume. Einige meiner kostbarsten Erinnerungen stammen aus jener Zeit. Von Kind an war ich sehr sportlich, spielte Basketball und Korbball, turnte und, als ich älter wurde, spielte auch Football. Ich verbrachte viel Zeit mit meinen Freunden, sang, malte, tanzte und veranstaltete bei uns zu Hause Partys.

Mein Lebensweg führte mich auf eine interessante und erstaunliche Reise. Eine Freundin meldete mich 1997 ohne mein Wissen zum CoverGirl-Wettbewerb des *Dolly Magazine* an. So begann meine Karriere als Fotomodell. Dass ich den Wettbewerb gewann, kam völlig überraschend für mich! Es war ein fantastisches Erlebnis. Bald darauf zog unsere Familie nach Brisbane um, wo ich meinen Highschoolabschluss machte. Es gefiel mir nicht, in die Stadt zu ziehen, denn tief im Herzen bin ich ein Landmensch. Ich vermisste Gunnedah, und wie jeder, der wegzieht, vermisste ich meine Freundinnen und Freunde. Es war eine große Veränderung. Doch ich hatte Glück: Vom ersten Tag an wurde ich auf der neuen

Schule von einer großen Gruppe Mädchen herzlich aufgenommen, und es entwickelten sich Freundschaften fürs Leben. Die Dinge schienen wirklich gut für mich zu laufen, bis etwas geschah, was mein Leben für immer veränderte.

Hindernisse überwinden …

Ich bin sicher, dass auch du schon viele Erfahrungen gemacht hast, durch die sich dein Denken und Fühlen bezüglich des Lebens veränderten. Ich möchte dir von etwas Bedeutsamem erzählen, das mir passierte. Damals war es so ziemlich die größte Herausforderung, mit der ich je konfrontiert worden war.

Mit 16 war ich zutiefst in Chris, meinen ersten Freund, verliebt. Wir gingen seit zwei Jahren miteinander, und ich war gerade nach Brisbane umgezogen, als er bei einem Autounfall ums Leben kam. Für mich brach meine ganze Welt zusammen. Zwar waren wir noch jung, aber wir hatten davon geträumt und auch darüber gesprochen, dass wir unser ganzes Leben zusammen verbringen wollten. Ich war verzweifelt und hatte das Gefühl, in ein schwarzes Loch zu stürzen. Es fiel mir sehr schwer, diesen Schicksalsschlag zu verarbeiten.

Ich war noch so jung und konnte mir gar nicht vorstellen, dass die Dinge wieder besser werden könnten und dass das Licht, das ich in meinem Leben empfunden hatte, je wieder würde scheinen können. Mir war, als hätte man mir das Herz aus der Brust gerissen. Ich wusste nicht, was ich tun sollte.

Da ich aber in Gunnedah mit der Natur aufgewachsen war, hatte ich früh gelernt, dass Wandel unvermeidlich ist, auch wenn er schmerzhaft sein kann. Sommer wird Herbst, und Winter wird zu Frühling. Das Leben hat seinen Rhythmus, und glücklicherweise hatte ich die Liebe und das Verständnis meiner Familie und meiner Freunde und genug Zeit für die Heilung.

Chris' Tod lehrte mich, dass die Menschen, die dein Leben berühren, immer bei dir sind. Ich lernte, dass ich mich dafür entscheiden kann, dankbar für die Zeit zu sein, die ich mit ihm verbracht hatte, statt ständig über den Verlust zu trauern. Und ich erkannte, wie zerbrechlich das Leben ist, sodass es wirklich darauf ankommt, jeden Augenblick ganz bewusst zu erleben und wertzuschätzen. Auch lehrte mich sein Tod, dass wir unseren Schmerz nur selbst heilen können, und durch die Kraft von Dankbarkeit und Akzeptanz gelang es mir, wieder nach vorn zu schauen.

Heute sage ich zu mir: »Ich vertraue auf den Lauf des Lebens.« So erinnere ich mich daran, dass es selbst in den dunkelsten Stunden immer noch Licht und Möglichkeiten gibt. Ich habe gelernt, meine Familie, meine Freunde, mein Leben nicht als selbstverständlich zu betrachten. Ich versuche, jeden Tag auf positive Weise zu leben und etwas Gutes in der Welt zu bewirken, wo immer mich mein Weg hinführt.

Den Traum leben …

Nach meinem Schulabschluss ging ich nach Sydney und strebte eine Karriere als Model an. Rasch wurde ich unabhängig, und obwohl meine Eltern stets bereit gewesen wären, mir zur Seite zu stehen, falls das notwendig geworden wäre, gelang es mir in Sydney praktisch von Anfang an, meinen Lebensunterhalt zu verdienen. Und so war ich schon früh für meine Finanzen selbst verantwortlich.

Die Modebranche ist ein hartes Pflaster, und trotz meines früheren Erfolges bei *Dolly* musste ich häufig Absagen einstecken. Da erging es mir wie vielen anderen Mädchen auch. Ich war hart im Nehmen, aber jedes Mal wenn ich mich niedergeschlagen fühlte oder einen Job verloren hatte, wandte ich Affirmationen aus den Büchern von Louise L. Hay an. Ich sagte zu mir Dinge wie »Frei und liebevoll fließe ich mit dem Leben« oder »Das Leben unterstützt mich«. Diese Affirmationen waren mir auf meinem Weg eine große Hilfe.

Zum Glück gelang es mir immer, genug Aufträge an Land zu ziehen, um meinen Lebensunterhalt bestreiten zu können … und manchmal arbeitete ich sogar international. Einmal flog ich für einen Job nach Japan. Die Firma, für die ich arbeitete, machte sich Sorgen, dass ich für das Foto, das sie wollten, möglicherweise zu braun gebrannt war. Da wurde mir bewusst, dass ich, wollte ich in der Modebranche erfolgreich sein, einen Weg finden musste, damit zurechtzukommen, wenn man mich wegen meines Aussehens ablehnte. Ich konnte das entweder verinnerlichen und glauben, etwas wäre mit mir nicht in Ordnung, oder ich akzeptierte einfach, dass ich für diese bestimmte Werbekampagne oder dieses Shooting eben nicht die Richtige war. Dieses Erlebnis half mir zu erkennen, dass man es nicht immer allen recht machen kann. Ich beschloss daher, mir selbst und meinen Prinzipien treu zu bleiben.

Als ich mir das zu eigen machte, taten sich für mich viele neue und aufregende Möglichkeiten auf.

Geerdet bleiben …

Dass ich aus einer ländlichen Kleinstadt stamme und eine enge Verbindung zur Erde habe, hilft mir, mit beiden Füßen auf dem Boden zu bleiben. Zunächst konnte ich mir gar nicht vorstellen, als Fotomodell meinen Lebensunterhalt zu verdienen, und in diesen ersten Jahren war ich mir auch nicht sicher, ob dies eine geeignete Karriere für mich war. Daher studierte ich nebenher Psychologie und Ernährungswissenschaften. Das half mir, meine eigenen Ideen über Gesundheit und Wellness zu entwickeln, die heute für mich sehr wichtig sind und mir helfen, gesund und im Gleichgewicht zu bleiben.

Fortschritte …

Im Grunde bin ich abenteuerlustig und ehrgeizig. Ich wollte größere Herausforderungen, als ich sie in Australien finden konnte, also zog ich, als sich mir die Gelegenheit bot, 2005 im Alter von 22 Jahren nach New York. Diese Reise hat mein Leben in vielerlei Hinsicht verändert und mir geholfen, mehr über mich selbst herauszufinden; ein ständiger Prozess.

New York ist eine große Stadt, und zuerst wohnte ich in einem Haus zusammen mit anderen Models, weil ich glaubte, das sei die sicherste Art, dort zu leben. Nach einer Weile hatte ich das Gefühl, mehr Freiheit und Platz zu brauchen. Also mietete ich mir ein Apartment, und inzwischen habe ich ein Apartment in Manhattan gekauft. Ich liebe es, mein eigenes Zuhause zu haben. Es ist mein Zufluchtsort, wenn ich etwas Ruhe und Zeit benötige, um meine Batterien wieder aufzuladen.

Geerdet zu sein und körperlich und spirituell gut für mich zu sorgen ist wirklich wichtig für mich. Ich arbeite hart, und daher versuche ich, durch Meditation, Chanten und Yoga für Ausgleich zu sorgen. Im Gleichgewicht zu sein heißt auch, Zeit mit wunderbaren Freunden zu verbringen. Ich bin so dankbar für die Freundinnen und Freunde, die ich habe. Ihre ständige Liebe und Unterstützung weiß ich sehr zu schätzen. Ich liebe es, Zeit mit ihnen zu verbringen, mit meiner Familie und natürlich mit Frankie, meinem kleinen Yorkshireterrier.

Auch finde ich es wundervoll, neue Menschen kennenzulernen. Offen für neue Bekanntschaften zu sein ist von unschätzbarem Wert, weil sie unser Leben bereichern und unseren Horizont erweitern. Dabei finde ich diese Affirmation sehr inspirierend: »Ich erlebe Liebe, wohin ich auch gehe.« Sie erinnert mich daran, nach Gleichgewicht zu streben und so gut wie möglich in der Gegenwart zu leben, jeden Augenblick zu genießen und einen positiven Beitrag in der Welt zu leisten.

Eine Welt voller Möglichkeiten …

Ich glaube, dass sich mir die Chance bietet, etwas Nützliches und Positives in der Welt zu tun. Ich hatte eine wunderschöne Kindheit voller Liebe und Unterstützung, wofür ich zutiefst dankbar bin. Ich habe großes Glück, und das Leben meint es sehr gut mit mir. Doch wie jeder Mensch habe ich einige schwere Zeiten durchgemacht, während denen meine Stärke und Entschlossenheit auf die Probe gestellt wurden. Ohne diese dunklen Momente wäre ich nicht die Person, die ich heute bin.

Der Erfolg kann uns sehr schnell in jemanden verwandeln, der wir nie werden wollten. Darum ist es wichtig, sich immer wieder Auszeiten zu gönnen und darüber nachzudenken, was man tut und warum man es tut.

Herausforderungen mahnen mich, mich auf das zu besinnen, was mir am wichtigsten ist, etwa meine Familie und meine Freunde. Wenn ich vor einer schwierigen Entscheidung stehe, wende ich mich an den friedlichen Ort in meinem Inneren. Statt wie das Mädchen in der

Geschichte mit dem Schmetterling sofort ungeduldig den Kokon aufzureißen, überlege ich, was für mich zählt und was meine Bestimmung im Leben ist.

Ich glaube aus ganzem Herzen, dass Dankbarkeit der Schlüssel zum Erfolg und zum Leben überhaupt ist. Ich tue mein Bestes, nicht alles, was ich habe, für selbstverständlich zu halten, sondern die Chancen und Möglichkeiten, die mir geschenkt worden sind, wirklich wertzuschätzen. Ich wertschätze auch die Gelegenheit, dich mit diesem Buch zu erreichen … und hoffe, damit wenigstens einen kleinen positiven Beitrag für dein Leben leisten zu können.

Sich selbst lieben …

Oscar Wilde schrieb: »Sich selbst zu lieben ist der Beginn einer lebenslangen Romanze.« Ich glaube, dass es für unser Glücklichsein entscheidend ist, dass wir uns selbst lieben und achten. Es geht darum, dass du wertschätzt, wer du als Mensch bist, und dass du dich selbst akzeptierst und respektierst.

Mir ist das nicht leichtgefallen. Sich selbst zu lieben kommt aus der Überzeugung »Gut genug zu sein, so, wie ich bin«. Es geht darum, die eigenen Qualitäten als einzigartig, wertvoll und besonders anzuerkennen. Es geht darum, dass du dankbar bist für das, was dir gegeben wurde, dass du dich als der Mensch, der du bist, akzeptierst und dir selbst gegenüber mitfühlend bist. Es ist wie ein schönes Spiegelbild. So, wie du dich selbst siehst, wirst du auch andere Menschen sehen.

In meinen Augen sind wir alle gleich. Kein Mensch ist mehr wert als andere. Um andere wirklich lieben zu können, musst du zunächst dich selbst lieben und akzeptieren. Du kannst dir dein ganzes Leben lang wünschen, jemand anderes zu sein, und niemals den Menschen wertschätzen, der du wirklich bist, und das, was du der Welt zu bieten hast. Wenn du dich als einzigartiges Individuum betrachtest und begreifst, dass du wirklich unersetzlich bist und dass jeder Mensch auf seine Weise einzigartig und besonders ist, versetzt dich das in die Lage, dich selbst wirklich zu akzeptieren.

Dann beginnt der Zauber des Universums in uns zu erstrahlen, und ganz automatisch, ohne dass wir uns dessen bewusst sind, überträgt sich unsere Lebensfreude und Begeisterung auf andere.

Eine meiner wichtigsten Erkenntnisse ist, dass wir, ungeachtet der äußeren Umstände, selbst entscheiden können, wie wir leben wollen. Du kannst selbst entscheiden, wie du dich fühlst, wenn du morgens aufstehst. Du kannst denken: »Der heutige Tag wird nicht besser als die vorigen. Am liebsten würde ich gleich wieder ins Bett gehen.« Oder: »Heute wird ein wunderbarer Tag, angefüllt mit neuen, aufregenden Erfahrungen.« Wenn du einmal erkannt hast, dass du wählen kannst, wie du dich selbst erfährst, werden sich für dich grenzenlose Möglichkeiten und Chancen auftun, und die Menschen werden sich magnetisch von dir und deinem Enthusiasmus angezogen fühlen.

Offen für Herausforderungen …

Das Leben in der heutigen Welt kann ganz schön anstrengend sein. Ständig werden wir mit Informationen und Lärm bombardiert. Vielleicht befindest du dich in einer hektischen Großstadt, erfüllt vom geschäftigem Treiben von Millionen Menschen, oder du sitzt vor einem Computermonitor, belästigt von unzähligen Botschaften und Meinungen. Da kann es leicht geschehen, dass wir nur noch damit beschäftigt sind, irgendwie durch den Tag zu kommen, und darüber vergessen, zwischendurch ruhige Momente zu schaffen, in denen wir äußere Reize ausschalten und in uns hineinhorchen. Doch solche Momente schenken uns Kraft und Klarheit. Wir besinnen uns darauf, wer wir sind und was wir wirklich im Leben anstreben.

Ich stelle mir gerne vor, dass wir alle einzigartige Blumen in dem erstaunlichen Garten sind, den wir Erde nennen. Nicht zwei von uns sind gleich, und wir sollten auch niemals gleich sein wollen. Wir alle haben ein Recht, hier zu sein. Ein Gänseblümchen ist so schön wie eine Sonnenblume. Wir alle sehen uns unterschiedlichen Herausforderungen gegenüber und haben unterschiedliche Stärken, die uns durchs Leben helfen.

Auf die Frage, wie du zu deiner Stärke findest, empfehle ich dir, zu entdecken, wer du bist, und auf dich selbst zu hören, bevor du handelst. Denke über die dir zur Wahl stehenden Optionen und die sich aus jeder

Handlung ergebenden Konsequenzen nach. Gebe dein Bestes und konzentriere dich in jedem Augenblick darauf, wer du bist.

Ich glaube, der einzig gute Weg, mit einer Herausforderung umzugehen, besteht darin, sich ihr ohne Wenn und Aber zu stellen, mit offenem Geist und Herzen. Was für den Schmetterling in der Geschichte am Anfang dieses Buches gilt, trifft auf uns alle zu: Das Leben stellt uns vor Herausforderungen, um uns stärker zu machen. Heiße Herausforderungen willkommen. Sie öffnen dir Türen zu neuen Chancen und Wachstum.

Immer wieder kommt es vor, dass wir uns gewaltigen Hindernissen gegenübersehen, aber wenn wir diese Höhen erklettert haben und auf der anderen Seite wieder hinuntersteigen, erfüllt uns das mit dem wundervollen Gefühl des Erfolgs. Wenn du erkennst, was du alles zu leisten vermagst, wird dir klar, wie stark du eigentlich bist. Wenn du die Steine, die dir in den Weg gelegt werden, beherzt und mit einer positiven Einstellung beiseiteräumst, erweisen sich die Dinge oft als gar nicht so schwierig, wie du zunächst dachtest. Die Steine können dann Gelegenheiten sein, innezuhalten und durchzuatmen, was es dir ermöglicht, dir darüber klar zu werden, wo du gerade im Leben stehst. Während solcher herausfordernden Zeiten ist es wichtig, dich nach innen zu wenden und auf deine Intuition zu lauschen.

Wenn die Lage schlimm erscheint oder die Dinge nicht nach Plan laufen, solltest du, statt dich niedergeschlagen zu fühlen, am Anfang jedes Tages zu dir sagen: »Wie fantastisch ist es doch, am Leben zu sein! Was für ein wunderbares Gefühl ich in mir spüre! Ich bin hellwach, gesund und voller Freude!« Visualisiere, wie jede Zelle sich mit Vitalität, Gesundheit und Liebe füllt.

Wachstum und Veränderung …

Ich rufe mir immer wieder in Erinnerung, dass auf jede schwierige Phase, sei es eine Herausforderung, die unser Leben durcheinanderwirbelt, oder ein Vorfall, der den Weg zu unserem Ziel behindert, *immer* ein schöpferischer Akt folgt. So, wie ein Wald nach einem Feuer neu wächst, finden immer neue Entwicklungen statt.

Denn das Leben geschieht in Zyklen; auch die schwierigsten Augenblicke in deinem Leben gehen vorüber, und daran schließt sich eine Phase neuer, aufregender Abenteuer an.

Der erste Teil einer Veränderung stellt meistens die stärkste Herausforderung für uns dar. Meistens trifft er uns unerwartet, und dann wird unser Selbstgefühl auf die Probe gestellt. Wenn mir das passiert, versuche ich nicht, sofort meine Emotionen zu ändern, denn das kann ziemlich aufreibend sein. Stattdessen umgebe ich mich mit Dingen, die bewirken, dass ich mich besser fühle. Ich lasse mich, so gut es geht, auf die Situation ein und akzeptiere meine momentanen Gefühle. Damit meine ich nicht, dass ich mich auf Negatives fixiere und ins Elend abtauche … ich nehme mir einfach die Zeit, anzuerkennen, wie ich mich wirklich fühle.

Wenn ich mich Schwierigkeiten stellen muss und von Zweifeln befallen werde, bin ich dankbar für die Stärke, die dadurch in mir geweckt wird. Wenn nichts so zu laufen scheint, wie ich es mir wünsche, konzentriere ich mich darauf, Haltung zu bewahren und dankbar für die Erfahrung zu sein. Wenn ich meine Gefühle in einer solchen Situation zulasse, verschwindet das Unbehagen schneller, als wenn ich versuche, die Gefühle zu verdrängen. Indem ich diese Gefühle wirklich wahrnehme, gebe ich meinem gesunden Menschenverstand und meiner inneren Weisheit Gelegenheit, meine Worte und Taten zu leiten, statt mich von Anspannung oder Angst überwältigen zu lassen.

Wenn du deine Gefühle bezüglich einer Sache einmal akzeptiert hast, folgt eine Phase, in der du deine Vorstellungskraft nutzen kannst, um darüber nachzudenken, was als Nächstes geschehen soll. Wenn du eine Herausforderung bewältigen musst, stell dir vor, wie der Erfolg sich anfühlen, riechen, schmecken, klingen und aussehen würde. Wähle passende Farben, Formen und Texturen aus und halte an dieser Vorstellung fest. In deiner Realität geschieht nichts, ohne dass es zunächst in deiner Vorstellung existierte, ohne dass es zunächst ein Gedanke war. Deine Imagination ist auch die Bühne, auf der du dich auf das »Du« konzentrieren kannst, das du sein möchtest, wenn du deine alte Haut abgestreift hast.

Vielleicht möchtest du eine neue Fertigkeit erlernen, um Herausforderungen besser zu meistern, mehr Selbstvertrauen entwickeln oder einfach neue Erfahrungen sammeln.

Das sind die Dinge, über die ich nachdenke, wenn ich mit einer herausfordernden Situation oder unvermeidlichen Veränderungen konfrontiert bin.

Mach dich bereit zu fliegen …

Wenn ich eine klare Vorstellung entwickelt habe, was ich erreichen will, findet eine Verwandlung statt. Ich fühle, wie meine Flügel Form annehmen und stark werden, und ich fühle mich bereit zu fliegen.

Aktives Handeln ist das, was die Träumer von jenen trennt, die ihre Träume wirklich leben. Vielleicht fürchtest du dich zunächst, den ersten Schritt zu tun, weil du Angst hast, dass er misslingt. Doch ich betrachte Misserfolge als wertvolle Lektionen – du erwirbst dadurch das Wissen, das du benötigst, um Erfolg zu haben.

Wenn du versuchst, ein Ziel zu erreichen, kann es am Anfang sein, dass du etwas unbeholfen vorwärts stolperst, doch das ist alles Teil des Lernprozesses. Rappel dich einfach immer wieder auf und versuche es erneut. Henry Ford sagte: »Ob du nun denkst, dass du etwas kannst oder dass du etwas nicht kannst, du hast meistens recht.«

Nach all der harten Arbeit besteht der nächste Schritt darin, sich auf das Fliegen vorzubereiten. Nun sind deine zuvor schlaffen und feuchten Flügel getrocknet. Du kannst sie ausbreiten und dich emporschwingen! Freue dich an deinem Erfolg und genieße ihn. Wenn du dich dann der nächsten Herausforderung gegenübersiehst, denkst du an diesen Moment und erinnerst dich, wie gut sich der Erfolg anfühlte.

Innere Führung …

Wenn ich mit einer Herausforderung, einem Problem konfrontiert bin, suche ich in meinem Inneren nach Führung und umgebe mich mit Menschen, die liebevoll sind und mich unterstützen. Ich bin von Natur aus ein sehr unabhängiger Mensch, und weil ich so häufig allein reise, fiel es mir lange Zeit schwer, es zu akzeptieren, dass andere für mich da sein können.

Inzwischen habe ich erkannt, durch die Herausforderungen in meinem Leben und durch die Zuwendung, die meine Familie und Freunde mir geschenkt haben, dass wir niemals wirklich allein sein müssen. Meine Familie ist immer bereit, mir zu helfen, was auch geschieht. Die Hilfe anderer Menschen – Freunde, Kollegen und Lehrer – dankbar anzunehmen, die diese uns bereitwillig geben, wenn wir nur bereit sind, darum zu bitten, ist ein wahrer Segen.

Einige meiner schwierigsten Erlebnisse hatte ich während Fotoshootings. Unabhängig vom Alter ist man dabei immer gewissen Formen von Gruppenzwang ausgesetzt. So erinnere ich mich, dass ich einmal einen Fototermin mit einer Gruppe anderer Mädchen hatte. Der Fotograf forderte uns dabei auf, ein bisschen auszuflippen. Ich war geschockt, wie weit die Mädchen gingen, um den Fotografen zu beeindrucken und zu demonstrieren, wie sexy sie sein konnten.

Sie fingen an, sich mit Essen zu bewerfen und ihren ganzen Körper damit zu beschmieren, während sie sich auszogen. In diesem Moment machte ich mir bewusst, dass ich selbst die Kontrolle über mein Leben habe: Niemand kann mir vorschreiben, was ich tun oder lassen oder wie ich mich verhalten soll.

Wenn du dich unter Druck gesetzt fühlst, ist es wichtig, dass du einen Schritt zurücktrittst, tief durchatmest und wirklich über deine Optionen nachdenkst. Achte darauf, welche Gefühle die Situation in dir auslöst. Frage dich: »Bin ich das wirklich und bin ich meinen Werten treu?« Es kommt nicht darauf an, was die anderen denken. Entscheidend ist, welche Meinung du von dir selbst hast. In der geschilderten Situation, in der ich mich befand, erkannte ich, dass ich mich an dieser Art von Aktivität nicht beteiligen mochte, obwohl Druck auf mich ausgeübt wurde, es zu tun.

Als ich einen Schritt zurücktrat, half mir das, bewusst in der Gegenwart zu sein, sodass ich die für mich richtige Entscheidung treffen konnte. Wenn du deine eigene Macht kennst, einen eigenen Standpunkt vertrittst und auf deine innere Stimme hörst, wirst auch du die für dich richtigen Entscheidungen treffen.

Du selbst entscheidest darüber, was du bezüglich Situationen, Orten und Personen empfindest.

Persönliche Überlegungen:

- *Was war für dich eine große Herausforderung?*
- *Wie hast du sie bewältigt?*
- *Wer hat dir dabei geholfen?*
- *Wie würdest du sie heute bewältigen?*

Annette

Shonagh

Gabby

Selbstvertrauen entwickeln

Annie

Ein ganz entscheidender Schlüssel …

zur Entwicklung von Selbstvertrauen ist es, sich selbst zu akzeptieren und zu lieben: sich in seiner Haut wohlzufühlen.

Wenn du mehr Selbstvertrauen entwickeln möchtest, musst du dir erst klarmachen, dass Selbstakzeptanz und Selbstliebe Hand in Hand gehen. Je besser du dich selbst kennenlernst, desto besser wird es dir gelingen, Mitgefühl zu schenken, nicht nur dir selbst, sondern auch anderen Menschen. Und aus diesem Mitgefühl fließt die Liebe. Wenn du dich selbst akzeptierst und wertschätzt, kannst du jede Situation mit Klasse, Würde und Respekt meistern.

Selbstvertrauen zu zeigen ist mir nie leichtgefallen, besonders als ich jünger war. Als ich mit der Arbeit als Fotomodell begann, dachte ich, dass die Leute am Set (Visagistinnen, Fotografen usw.) mir nur Komplimente machten, damit ich mich gut fühlte. Ich akzeptierte mich nicht. Heute nehme ich die Komplimente, die mir gemacht werden, aus ganzem Herzen dankbar als die

Geschenke an, die sie sind. Manchmal sind andere Menschen viel eher in der Lage, unsere innere und äußere Schönheit zu sehen, als wir selbst.

Dein authentisches Selbst …

In der heutigen Welt kann es eine Herausforderung sein, an unserem authentischen Selbst festzuhalten. Wie wir uns selbst definieren, bekommt immer größere Priorität. Wir alle sind mit sozialen Netzwerken wie Facebook und MySpace vertraut, die uns die Möglichkeit geben, uns eine Identität zu erschaffen, die wir der Öffentlichkeit zeigen können. Die Menge an Informationen, die wir über uns selbst im Netz veröffentlichen können, ist praktisch unbegrenzt. Darin zeigt sich, welchen Wert wir unserem Selbstbild beimessen.

Doch der Druck, gesellschaftlichen Erwartungen darüber, was akzeptabel ist, zu entsprechen, sollte nicht dazu führen, dass wir uns selbst verlieren. Wir alle möchten gerne dazugehören, akzeptiert werden, und darüber geschieht es leicht, dass wir bei dem Versuch, so zu sein, wie wir glauben, sein zu müssen, unser wahres Selbst opfern, statt zu akzeptieren, wer wir wirklich sind.

Die wirklich authentischen Menschen, die ich kenne, jene, die damit glücklich sind, wo sie im Leben stehen, haben ein paar Dinge gemeinsam. Sie kennen ihre Stärken und ihre Schwächen und sie akzeptieren *beides*. Es ist überhaupt nicht nötig, dass dein authentisches Selbst perfekt den gesellschaftlichen Normen und Erwartungen entspricht. Wirklich und authentisch du selbst zu sein ist alles, was zählt.

Selbstvertrauen ist anziehend …

Die Modebranche ist ein hartes Pflaster, und es ist schwer zu sagen, ob Selbstvertrauen genügt, um dir alle Türen zu öffnen. Aber ich weiß mit Bestimmtheit, dass die Mädchen mit einem gesunden Selbstvertrauen und gesunden Lebensgewohnheiten viel mehr Freude an ihrem Beruf und dem Leben insgesamt haben.

Ich finde Menschen, die aufrichtig zu sich selbst stehen, wirklich anziehend. Und meist sind sie von ähnlich positiv eingestellten Menschen umgeben. Männer und Frauen, die an sich selbst glauben und gleichzeitig entspannt, bescheiden und unkompliziert sind, wirken auf andere extrem attraktiv. Sich selbst gut zu kennen und authentisch zu sein ist die beste Art zu leben.

Je mehr Selbstvertrauen und Zutrauen in die eigenen Fähigkeiten du entwickelst, desto leichter fällt es dir, mit Absagen oder Ablehnung umzugehen, weil dir klar ist, dass sich dein Wesen und das, was du der Welt schenken kannst und willst, dadurch nicht verändert.

Es wird immer Menschen geben, die nicht alles akzeptieren, was du tust oder wofür du stehst. Was Menschen mit Selbstvertrauen von Menschen unterscheidet, denen es daran mangelt, ist die Art, wie sie mit Ablehnung und Zurückweisung umgehen. Auch ist es gut, dich daran zu erinnern, dass oft gerade das, was manchen Menschen an dir nicht gefällt, dich besonders und einzigartig macht. Vielleicht handelt es sich dabei sogar um die Werte, die dir selbst teuer sind!

Ich erlebe immer wieder, dass eine berufliche Absage oder sonstige Zurückweisung sich im Nachhinein als Segen erweist, weil das Universum etwas Besseres für mich auf Lager hat. Ich versuche, es einfach als weiteren Schritt auf dem Weg zur Erfüllung meiner Bestimmung zu betrachten.

Lächel oft …

Meiner Meinung nach ist ein aufrichtiges Lächeln das Überzeugendste und Attraktivste, womit wir uns »kleiden« können. Nichts ist schöner als ein aus dem Herzen kommendes Lächeln. Eine glückliche, Selbstvertrauen ausstrahlende Person ist charismatisch. Es macht auf jeden Fall mehr Spaß, solche Leute um sich zu haben. Ein Lächeln strahlt innere Wärme aus. Ein Lächeln sagt: »Ich vertraue mir selbst und dem Leben und ich habe der Welt viel zu geben.«

Nichts geschieht ohne Grund …

Ich glaube fest daran, dass nichts im Leben grundlos geschieht. Ich versuche, in der Gegenwart zu leben und bei allem, was ich tue, mein Bestes zu geben. Und ich vertraue darauf, dass sich der richtige Pfad für mich auftut.

Positive Affirmationen helfen mir, offen für Veränderungen zu sein und auf richtige Weise mit Selbstzweifeln umzugehen. Manchmal können Zweifel ein guter Weckruf sein, denn sie können uns signalisieren, dass wir gut darüber nachdenken sollen, was sich gerade wirklich abspielt. Dir die Zeit zu nehmen, über Zweifel nachzudenken, kann dir helfen herauszufinden, was du tief im Inneren wirklich glaubst. Es wird immer Herausforderungen, Hindernisse und unvollkommene Situationen geben, wenn du jedoch die Dinge Schritt für Schritt angehst, wirst du stärker und gewinnst immer mehr Zutrauen in die eigenen Fähigkeiten.

In der Highschool gab es bei mir eine Zeit, als ich von einem Mädchen meines Jahrgangs ständig geärgert wurde. Dieses Mädchen brauchte immer jemanden, auf dem es herumhacken konnte, und nun war ich an der Reihe. Ich erinnere mich, dass ich richtiggehend Angst vor ihr hatte und die Freude an der Schule verlor. Es kam so weit, dass ich gar nicht mehr in die Schule gehen wollte. Meine Eltern führten ein langes Gespräch mit mir. Sie sagten mir, ich sollte für das einstehen, was ich für richtig hielt: ihr auf freundliche, aber unmissverständliche Art klarmachen, welche Wirkung ihr Verhalten auf andere hatte und wie scheußlich es sich anfühlte, Zielscheibe ihrer Hänseleien zu sein. Als ich am nächsten Tag in die Schule kam, sagte sie natürlich wieder etwas Gemeines zu mir. Ich war viel kleiner als sie, aber trotz meiner Angst sagte ich ihr klipp und klar, was ich empfand. Ich sagte ihr Dinge ins Gesicht, die keines der anderen Mädchen sich zu sagen getraut hätte. Ich sagte ihr, dass die anderen nur nett zu ihr waren, weil sie Angst vor ihr hatten, aber dass sie gar keine wirklichen Freunde hatte. Diejenigen, die sie für ihre Freundinnen hielt, taten nur so, weil sie sich vor ihren Gemeinheiten fürchteten. Nun war sie verletzt und weinte. Ich wollte ihr nicht wehtun, ich wollte ihr nur die Wahrheit sagen und das hatte ich getan. Ich trat für mich selbst und andere ein, obwohl ich mir das zuvor nicht zugetraut hatte.

Im Nachhinein wurde mir klar, dass diese Erfahrung ihren Sinn hatte. Ich lernte durch sie, stärker zu werden. Wie sich herausstellte, halfen meine offenen Worte auch ihr, denn sie hörte damit auf, andere zu ärgern. Sie erfuhr, was es bedeutet, wirkliche Freunde zu haben, die sie aufrichtig mochten. Sie und ich sind bis heute Freundinnen, und ich bin dankbar für den Prozess, den wir damals gemeinsam durchlebten.

Uns selbst kennenzulernen, auf unsere Gefühle und unsere Intuition zu vertrauen, bewirkt, dass wir uns für die großen Möglichkeiten des Lebens öffnen und unsere Ziele niemals aus den Augen verlieren. Lerne etwas, was ich auch gelernt habe: Vertraue auf dein Bauchgefühl. Letztlich können nur wir selbst wissen, was das Beste für uns ist.

Verwirkliche deine Wünsche …

Manchen Menschen wird beigebracht, dass es besser ist zu schweigen, als »unangenehm aufzufallen«. Aber wenn du das tust, schadest du dir damit selbst, denn du neigst dann dazu, deine eigenen Wünsche zu unterdrücken, nur um es anderen recht zu machen.

Natürlich sind die Meinungen anderer Leute für uns in einem gewissen Maß wichtig, vor allem wenn es sich um Leute handelt, die wir mögen und schätzen. Es fällt uns sehr schwer, zu jemandem NEIN zu sagen, den wir lieben. Oder wir dulden es, dass andere sich in den Vordergrund schieben oder uns ins Wort fallen. Aber letztlich müssen wir unbedingt lernen, uns selbst genug wertzuschätzen, um für das einzustehen, was wir für richtig halten und was wir uns wünschen, denn sonst werden wir es nie bekommen.

Sich durchsetzen können …

Durchsetzungskraft ist eine Qualität, die dich in die Lage versetzt, das zu tun, was du für richtig hältst, auch wenn du dich dadurch dem emotionalen Druck aussetzt, der entsteht, wenn du »gegen den Strom schwimmst«.

Es besteht aber ein Unterschied zwischen Durchsetzungskraft und aggressivem Benehmen. Mir sind schon viele Leute begegnet, die wirklich dominant und aggressiv herüberkamen, obwohl sie selbst glaubten, lediglich ihren Standpunkt zu vertreten. Durchsetzungskraft bedeutet nicht, dass du anderen um jeden Preis deinen Willen aufzwingst. Es bedeutet nur, dass du aufrichtig und mit Leidenschaft deine Gedanken, Überzeugungen und Meinungen äußerst. Bei allen Dingen kommt es auf das richtige Maß an.

Es ist wichtig, nicht zu passiv zu sein und sich nicht von anderen ausnutzen oder missbrauchen zu lassen, aber ebenso wenig dient es deinem höchsten Wohl, wenn du zu aggressiv oder gar missgünstig bist. Wenn du darauf achtest, wie du dich anderen Menschen gegenüber verhältst, kannst du eine bewusste Anstrengung unternehmen, deinen Gefühlen auf harmonische Weise Ausdruck zu verleihen.

Mit Selbstzweifeln ist es etwas anderes. Selbstzweifel entstehen, wenn du es zulässt, dass negative Gedanken dich davon abhalten, vorwärts zu gehen und dich an diesem wundervollen Leben zu erfreuen. Solche einschränkenden Glaubenssätze können dein Verhalten verändern – vielleicht neigst du zu übertriebener Selbstdarstellung, glaubst, dich ständig verteidigen zu müssen, oder weichst gar Gesprächen und sozialen Kontakten aus. Hier können positive Affirmationen eine große Hilfe sein, die du diesen Gedanken entgegensetzt. Ich sage gern zu mir: »Ich bin wach, lebendig und voller Energie.« Und: »Ich löse mich von allen negativen oder ängstlichen Gedanken. Ich bin sicher und geborgen.«

Selbstvertrauen gehört zu unseren wertvollsten Aktivposten. Wenn wir genug davon in uns tragen, sind wir jeder Situation gewachsen. An unsere eigenen Fähigkeiten zu glauben heißt auch, Informationen und Hilfe von anderen anzunehmen, wenn wir eine Situation nicht allein bewältigen können.

Freue dich deines Lebens …

Wir sind hier, um uns unseres Lebens und der Erfahrungen, die wir machen, zu erfreuen. Wir sind hier, um Fehler und manchmal eine etwas komische Figur zu machen. Ich weiß noch, wie ich bei einer meiner ersten Fashionshows in Europa, in Mailand, Schuhe bekam, die mir drei Nummern zu groß waren. Als ich das merkte und es meiner Dresserin sagte, gab sie mir, kurz vor Beginn der Show, ein Bündel Kosmetiktücher. Hastig stopfte ich möglichst viele davon in die Schuhspitzen und hoffte, dass es irgendwie gut gehen würde. Ich schaffte es bis zum Ende des Laufstegs, aber als ich mich umdrehte, flog mein linker Schuh im hohen Bogen ins Publikum! Ich wusste nicht, ob ich lachen oder weinen sollte, also beschloss ich, zu lächeln und weiterzugehen, mit nur einem Schuh und mit dem nackten Fuß auf Zehenspitzen! In diesem Moment entschied ich mich dafür, das Ganze von der komischen Seite zu betrachten, und ich glaube, das taten die Zuschauer auch.

Wir haben die Macht, selbst zu wählen, wie wir auf eine Situation reagieren. Unsere Fähigkeit, die Dinge mit Humor zu nehmen, kann unserer Reaktion eine ganz andere Qualität verleihen.

Persönliche Überlegungen:

- *Was kannst du gut?*
- *Welche negativen Gedanken denkst du besonders häufig?*
- *Kannst du diese in positive Gedanken umwandeln?*
- *Welche Gefühle hegst du dir selbst gegenüber?*
- *Erinnerst du dich an eine Situation, in der du dir dumm vorkamst oder die dir peinlich war?*
- *Wie hast du damals reagiert?*
- *Wie würdest du heute reagieren?*

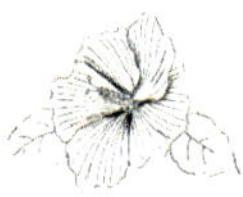

Jeanie

Ursula

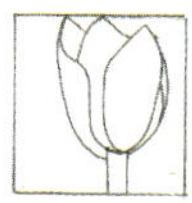

Tammy

Amber

Georgia

Rot steht für Leidenschaft

Damit du mehr Selbstvertrauen entwickelst …

und Veränderungen aufgeschlossen gegenüberstehst, solltest du unbedingt herausfinden, was deine große Leidenschaft ist. Mit der Leidenschaft kommen Glaube, Entschlossenheit und die Bereitschaft, den eigenen Instinkten zu vertrauen. Ich glaube, dass wir alle tief drinnen wissen, wofür wir uns leidenschaftlich begeistern können. Manchmal verstecken wir es, richten uns nach den Bedürfnissen anderer Menschen aus und verleugnen unsere wahren Empfindungen.

Ich kenne viele Menschen, die schon von Kind an wussten, was sie später gerne werden wollten, und die heute in dem von ihnen gewählten Beruf sehr glücklich sind. Andere sind auf der Suche und müssen zunächst mehrere verschiedene Karrierewege einschlagen, bis sie eine Aufgabe finden, die ihnen die wirkliche Erfüllung schenkt.

Wenn du deine Leidenschaft noch nicht entdeckt hast, solltest du dich davon nicht entmutigen lassen. Auch ein gewundener, verschlungener Pfad kann dich genau dorthin führen, wo du sein sollst. Es dauert nur etwas länger. Wenn du einen bestimmten Berufsweg einschlägst und dann den Beruf wechselst, können die zuvor gewonnenen Erfahrungen dem, was du nun tust, mehr Tiefe verleihen, was deine Fähigkeiten einzigartiger und außergewöhnlicher macht. Es gibt keine vergeudete Erfahrung oder vergeudeten Kenntnisse. Ich bin fest davon überzeugt, dass alles immer zur rechten Zeit geschieht.

Definiere dich selbst …

Wir sollten unsere eigene Definition des Erfolgs finden und ihn uns nicht von anderen definieren lassen. Es besteht auch die Gefahr, dass wir in die Falle tappen, andere Menschen über unsere Ziele bestimmen zu lassen. Für manche Leute besteht Erfolg darin, viel Geld zu verdienen oder große öffentliche Anerkennung zu erlangen, aber es ist wichtig, dass du dich fragst, ob diese Dinge dich wirklich glücklich machen. Ich glaube, erfolgreich ist man, wenn man sich zufrieden fühlt mit dem, was man ist und was man der Welt gibt. Mir gefällt dieses Zitat von John R. Wooden:

»Erfolg ist geistiger Frieden,
der aus der Zufriedenheit kommt,
sein Bestes zu geben,
um das Bestmögliche aus sich zu machen.«

Wenn du Arzt oder Schriftsteller werden willst, dann setze diesen Wunsch in die Tat um! Denke daran: Nur du allein kannst dein Leben leben – niemand sonst.

Ich habe eine große Leidenschaft für Gesundheit und Wellness. Ich interessiere mich sehr für die wahre Natur unseres Körpers und die Essenz dessen, worum es im Leben wirklich geht. Für mich gibt es nichts Aufregenderes, als zu erforschen, wie wir das Beste aus uns und dem Körper machen können, der uns geschenkt wurde.

Deine Leidenschaft bringt dich in Bewegung …

Leidenschaft kann dich zu aktivem Handeln motivieren. Dinge auf später aufzuschieben hindert dich daran, deine Leidenschaft zu leben und deine Träume zu verwirklichen. Hüte dich vor der Neigung, Dinge aufzuschieben! Und wir alle kennen diese Neigung: Wir wollen etwas Bestimmtes tun, kommen aber irgendwie nie dazu. Wir schieben es immer wieder auf oder finden alle möglichen Ausreden, warum wir es nicht endlich doch anpacken.

Indem du Dinge aufschiebst, bestärkst du dich in dem Glauben, deine Ziele nie verwirklichen zu können. Um das Problem zu verstehen, das hinter der Neigung steht, Dinge auf die lange Bank zu schieben, musst du zunächst einmal die einengenden Glaubenssätze identifizieren, die deinen Fortschritt hemmen. Ein solcher Glaubenssatz könnte darin bestehen, dass du meinst, nicht über ausreichende Fähigkeiten zu verfügen, um ein Projekt zu bewältigen, oder aber du leidest unter Versagensängsten. Nur durch aktives Handeln lassen sich solche einengenden, hemmenden Gedanken beseitigen, auch wenn die Aufgabe anfangs beängstigend erscheinen mag.

Niemand unter den erfolgreichen Menschen, die du bewunderst, ist durch Nichtstun erfolgreich geworden. Sage zu dir: »Nichts kann mich von der Verwirklichung meiner Träume abhalten!« Hast du deine größte Leidenschaft einmal entdeckt, wird sie dich durch dein ganzes Leben begleiten.

Ich umgebe mich gerne mit Menschen, die das Leben ebenso lieben wie ich. Und am interessantesten finde ich Menschen, die von ihrer Leidenschaft angetrieben sind, von den Dingen, die sie wirklich gerne tun. Wenn du entdecken willst, was in dir leidenschaftliche Gefühle weckt, schaue dir das Leben genau an, das du gegenwärtig führst. Denke an deine Kindheit zurück und überlege, welche Aktivitäten dir heute am meisten Freude machen … das könnte Lesen oder Schreiben sein, Reiten, Kochen, Hilfe für andere Menschen, Autotechnik – einfach alles! In deiner Vergangenheit findest du vielleicht nicht das letztliche Ziel deiner Suche, aber Hinweise auf den nächsten Schritt, den du unternehmen kannst.

Nimm dir etwas Zeit, um herauszufinden, was du wirklich aufregend und inspirierend findest. Entdecke, was du gerne jeden Tag tun würdest, sogar ohne Bezahlung! Wenn du deiner Leidenschaft folgst, wird sich das nicht wie Arbeit anfühlen. Leidenschaftliche Menschen sind energiegeladen und besitzen einen starken inneren

Kompass, der sie durchs Leben führt. Sie strahlen natürliches Selbstvertrauen aus und haben das Gefühl, ihre Zukunft jederzeit meistern zu können.

Persönliche Überlegungen:

- *Welche Tätigkeiten fallen dir leicht?*
- *Wofür besitzt du eine natürliche Begabung?*
- *Worüber lächelst du?*
- *Worüber unterhältst du dich gerne?*
- *Was magst du an dir selbst?*
- *Was kannst du gut?*
- *Was würdest du bereuen, nicht getan zu haben?*

Rebecca

Susie

Lisa

Brandi

Mum

Spieglein, Spieglein an der Wand …

Unser Aussehen …

trägt wesentlich zu unserem Selbstgefühl bei. Doch die Definitionen, was schön ist, verändern sich ständig.

Es ist noch gar nicht so lange her, da galten in der westlichen Welt üppige Frauen mit runden Hüften und engelhaften Gesichtszügen als schön. Große Frauen galten als zu maskulin und dünne Frauen als zu jungenhaft. In manchen Ländern gilt man nur mit heller Haut als schön, in anderen verbringen die Leute den ganzen Tag in der Sonne, um eine goldbraune Haut zu bekommen.

Schönheit lässt sich niemals auf einen einzigen Körpertyp reduzieren, obwohl das manchmal so scheinen mag. Schönheit ist nichts Greifbares, was wir klar definieren können. Eines unter Millionen winzigen Dingen kann der Grund sein, weswegen man uns in die »Schönheitsschublade« einsortiert.

Schönheit ist innen …

Manche Menschen glauben, sie seien nur eine Reflexion dessen, was sie im Spiegel sehen. Um glücklich sein zu können, wollen sie einen Kopf kleiner sein, breitere Hüften, eine kleinere Nase oder einen größeren Brustumfang haben. Sie verurteilen sich damit dazu, ewig auf ihr Glück warten zu müssen. Ich habe schon viele Frauen unterschiedlicher Körpergröße und Hautfarbe und mit sehr verschiedenen Gesichtszügen gesehen. Die Schönsten, jene, die am meisten herausragten, waren die, die von innen heraus leuchteten.

Frauen, die innere Schönheit ausstrahlen, wirken auf alle in ihrer Umgebung anziehend.

Gewiss sind dir auch schon Menschen mit dem »gewissen Etwas« begegnet, das sich gar nicht so richtig beschreiben ließ, aber zu denen du dich unwiderstehlich hingezogen fühltest? Das gibt es bei Männern und bei Frauen, jemand, in dessen Gegenwart man sich einfach wohlfühlt.

Eine solche Person, die buchstäblich die Atmosphäre verändert, wenn sie einen Raum betritt, ist keineswegs immer im landläufigen oder modischen Sinne »schön«. Eher handelt es sich um Menschen, die sich so, wie sie sind, wertschätzen und akzeptieren. Schönheit ist nicht bloß etwas Physisches, sondern hat damit zu tun, wie du über dich selbst denkst – sie kommt von innen.

Die Entscheidung, schön zu sein …

Ich glaube, dass Schönsein nicht von einem bestimmten Aussehen oder Styling abhängt, sondern dass es eine Entscheidung ist, die wir treffen, ein geistiger Zustand und eine Lebensweise. Es geht darum, zu wissen, dass du liebenswert bist. Wenn eine Frau sich entscheidet, schön zu sein, strahlt sie Selbstvertrauen aus und macht das Beste aus ihren Wesenszügen und Merkmalen. Ich kenne viele Frauen, die nicht den stereotypen, »konventionellen« Vorstellungen von Schönheit entsprechen, aber man sieht ihnen an, dass sie, dessen ungeachtet, ganz einfach für sich beschlossen haben, schön zu sein. Das führt dann auch dazu, dass sie tun, was ihnen gefällt. Diese Frauen sagen: »Ich akzeptiere mich und bin stolz, die zu sein, die ich bin.«

Zweifellos ist es wichtig, dass wir mit unserem Aussehen glücklich sind. Das heißt, dass wir es akzeptieren und das Beste daraus machen, auch wenn es nicht den gerade geltenden Schönheitsnormen entspricht. Schaue nach innen und sei ehrlich mit dir. Dich selbst zu akzeptieren, dich liebevoll anzunehmen, heißt, dass du besser für dich sorgst und dich der Welt von deiner besten Seite zeigst.

Habe ich gut reden, was die Schönheit angeht? Nein, es fällt mir sogar besonders schwer, darüber zu reden. Ich bin eine junge Frau, die als Fotomodell arbeitet. Mir wurde geschenkt, was ich habe, und ich mache das Beste aus dem, was mir geschenkt wurde. Ich könnte mich auch dafür entscheiden, meine Zeit mit dem Wunsch zuzubringen, anders auszusehen und mich mit anderen Frauen zu vergleichen. Aber mir ist klar, dass ich damit nur Zeit und Energie verschwenden würde. Ich bin, wer ich bin, nicht mehr und nicht weniger, und das gilt auch für dich.

Lerne, dich als einzigartiges Individuum wertzuschätzen. Du kannst dich bewusst dafür entscheiden, schön und selbstsicher zu sein.

Die Modelerfahrung …

Was für eine Erfahrung meine Arbeit als Fotomodell doch ist! Ich habe dabei wunderbare, aber auch traurige und einsame Zeiten erlebt.

Ich finde es interessant, wie dieser Beruf von vielen Leuten betrachtet wird. Meine eigene Vorstellung von der Arbeit eines Models unterschied sich stark von der Realität. Mit 13 Jahren, als ich mein erstes Fotoshooting hatte, dachte ich, Models könnten selbst aussuchen, was sie am Set anziehen wollen, lebten ein glamouröses Leben, verdienten viel Geld und wären körperlich perfekt. Mein eigenes Selbstbild war weit davon entfernt. Im Rückblick ist es interessant, wie ich durch meine Erfahrungen in der Modebranche an Reife gewonnen und mich verändert habe.

Ich möchte dir nun ein wenig von meinen Erlebnissen während meiner inzwischen 13-jährigen Karriere als Fotomodell erzählen.

Einer meiner ersten Jobs im Ausland führte mich nach Japan. Ich war in einem Haus voller europäischer Mädchen untergebracht, die kein Englisch sprachen. Mit einem dieser Mädchen teilte ich mir ein Zimmer. Das Quartier war nicht besonders gut. Alle hatten es nicht leicht, und der Verdienst war nicht berauschend. Ich erinnere mich, dass ich ziemlich oft Reis aß. Niemand kaufte viel zum Essen ein, weil es nachts immer wieder aus dem Kühlschrank verschwand. Keines der Mädchen bekannte sich dazu, es den anderen weggegessen zu haben. Es waren auch welche darunter, die den anderen Kleidung stahlen!

Ich war 17, fast 18, und ich war mir nicht sicher, ob ich wirklich als Model arbeiten wollte. Ich blieb für etwa zwei Monate in Japan. Ich feierte meinen 18. Geburtstag dort. Zum ersten Mal war ich an meinem Geburtstag nicht zu Hause. Ich vermisste meine Familie, aber die Mädchen und die Agentur veranstalteten eine Überraschungsparty für mich, wodurch es dann doch noch ein sehr schöner Tag wurde. Trotzdem kehrte ich mit dem Gefühl aus Japan zurück, dass die Arbeit als Model nichts für mich war.

Ich war seit einem Jahr wieder in Australien und nahm nur hier und da Modelaufträge an, ohne großes Interesse daran, die Sache voranzutreiben. Doch dann bekam ich das Angebot, nach Paris zu gehen. Ich lebte für ungefähr ein halbes Jahr in Paris.

Während eines Shootings dort, kurz vor dem Ende, bekam ich starke Augenschmerzen. Der Fotograf hatte den Schutzfilter des Blitzes entfernt und ihn sehr dicht an meine Augen gehalten. Er sagte zu mir, ich sollte genau in das Blitzlicht schauen, weil es in der Fotostory um Schönheit ging und er wollte, dass meine Augen funkelten. Ich fragte, ob das nicht schädlich für die Augen sei, aber er behauptete, es wäre völlig harmlos. In der Nacht landete ich in einem Pariser Krankenhaus, wo ich mich vor Schmerzen übergeben musste. Meine Augen waren innerlich verbrannt worden. Der Arzt sagte mir, dass ich von Glück sagen konnte, nicht noch länger diesem Blitzlicht ausgesetzt gewesen zu sein. Das ständige grelle Blitzen habe auf meine Augen eine ähnliche Wirkung gehabt wie die Verbrennungen, die Handwerker an den Augen erleiden, wenn sie in eine Schweißflamme blicken. Nur dass ich fast während des gesamten achtstündigen Shootings in diese ständigen Blitze hatte sehen müssen.

Ich verließ das Krankenhaus mit Verbänden auf den Augen und Salbe. Zum Glück wohnte mein Freund bei mir und kümmerte sich um mich. Die Verbände mussten zehn Tage lang auf den Augen bleiben. Sie durften nur kurz entfernt werden, um die Brandsalbe aufzutragen. Schon als kleines Mädchen hatte ich mich immer vor der Dunkelheit gefürchtet, und nun konnte ich gar nichts sehen. In meiner Welt herrschte völlige Dunkelheit. Ich wusste nicht, ob meine Augen hinterher wieder völlig gesund sein würden oder ob Schäden zurückblieben. Ich hatte Angst. Ich befand mich auf der anderen Seite der Erde, so weit weg von meiner Familie.

Ich dachte über meine Situation nach und entschied mich dann dafür, in mir Frieden zu erzeugen. Daraufhin wusste ich, dass alles gut werden würde. Dieses Erlebnis bewirkte bei mir, dass ich seitdem mein Augenlicht wirklich wertschätze als den Segen, der es ist.

Etwas Ähnliches erlebte ich später noch einmal in New York, aber zum Glück nicht ganz so schlimm! Aus diesen Erfahrungen habe ich gelernt, für mich einzustehen, wenn etwas von mir verlangt wird, was sich nicht richtig anfühlt. Wenn etwas geschehen soll, mit dem ich nicht hundertprozentig einverstanden bin, sage ich laut »Nein!«.

Zehn Jahre lang flog ich in der Welt umher (ich weiß nicht, wie oft). Meistens flog ich in der Economy-Klasse und musste nach 26 Stunden Reise sofort an die Arbeit gehen, sodass ich sehr mit Jetlag und Müdigkeit zu kämpfen hatte. Ich habe im Flugzeug neben Leuten gesessen, die einschliefen und denen der Speichel auf meine Schulter tropfte, wobei sie den ganzen Flieger mit ihrem Geschnarche wachhielten. Säuglinge haben sich auf mir übergeben, und ich saß neben Kindern, die während des ganzen Fluges kreischten. Ich habe neben Leuten gesessen, die redeten wie ein Wasserfall, und neben Leuten, die stumm waren wie ein Fisch.

Es war, gelinde gesagt, eine interessante Erfahrung, und manchmal machte es auch richtig Spaß, aber es konnte auch sehr ermüdend sein.

In den letzten Jahren, seitdem ich für Victoria's Secret arbeite, kann ich in der Business Class oder erster Klasse fliegen, und ich kann dir gar nicht sagen, was für ein Segen das ist. Ich bin mir bewusst, dass viele Menschen überhaupt keine Gelegenheit haben zu fliegen, ganz zu schweigen davon, erster Klasse fliegen zu können! Ich bin dankbar für die Gelegenheiten und Erfahrungen, die das Leben mir schenkt.

Viele Mädchen dort draußen wollen unbedingt wie Models aussehen. Doch ich glaube, es gibt überhaupt keinen bestimmten »Modellook«.

Die meisten von euch wären überrascht, wie unterschiedlich in Körperbau, Größe und Aussehen die Frauen sind, die einem in der Modebranche begegnen. Es besteht ein großer Unterschied zwischen den Models, die man in den Zeitschriften sieht, und unserem tatsächlichen Aussehen im realen Leben. Wenn Models morgens aufwachen, sehen sie nicht aus, als wären sie einer Fotoserie in einem Modemagazin entsprungen. Und auch nach einem langen, anstrengenden Tag sehen sie alles andere als frisch aus.

Stundenlang werden uns die Haare frisiert, werden wir geschminkt und müssen Kleider anprobieren, bis das schmeichelhafteste Outfit für unseren Körpertyp gefunden ist. Manche Models kommen der aktuellen Vorstellung von Schönheit vielleicht näher als andere, aber wir haben immer noch Sommersprossen an merkwürdigen Stellen, Grübchen, wo wir lieber keine hätten, und Körperteile, die wir gerne verändern würden.

Wie gemalt erscheinende Perfektion gibt es nirgendwo. Letztlich sind wir selbst unsere eigenen strengsten Kritikerinnen. Oft betrachten wir an uns äußere Unvollkommenheiten als einschränkend, die andere gar nicht bemerken.

Wenn du den Versuch aufgibst, »gut aussehen zu wollen« oder »schlechtes Aussehen zu vermeiden«, und ganz einfach authentisch du selbst bist, gelangst du zu einer neuen Ebene der Freiheit und des Selbstausdrucks. Du bist dann nicht nur anderen gegenüber »echt«, sondern auch, was am wichtigsten ist, dir selbst gegenüber.

Gib dir alle Mühe, nicht über andere zu urteilen. Andere zu beurteilen oder das Gefühl zu haben, von ihnen beurteilt zu werden, sind Neigungen, die es sich unbedingt zu überwinden lohnt. Manche Leute neigen dazu, mich ganz auf mein Äußeres zu reduzieren, und können gar nicht glauben, dass ich noch über andere Qualitäten und Fähigkeiten verfüge. Zu meinem Streben, mir selbst treu zu bleiben, gehört es auch, mich nicht wegen der Vorurteile, die andere über mich hegen, zur Überkompensation antreiben zu lassen.

Wir lassen uns schnell dazu verleiten, über andere aufgrund unserer eigenen Ideen darüber, wie Menschen sein »sollten«, zu urteilen. Aber dadurch hindern wir uns daran, eine andere Person so zu sehen, wie sie wirklich ist. Statt über Menschen zu urteilen, versuche ich, mir die Zeit zu nehmen, sie kennenzulernen und mit ihnen zu reden.

Wenn die Leute sich Zeit nehmen, hinter die äußere Fassade zu blicken, stellen sie sehr häufig fest, dass ein Mensch ganz anders ist, als sie gedacht haben.

Mode kontra Stil …

Für mich sind Mode und Stil zwei verschiedene Dinge. Stil ist die Art und Weise, wie du deine einzigartige Individualität zum Ausdruck bringst; dabei geht es um das Verhältnis, das du zu dir selbst hast. Mode hingegen dreht sich um Kleidung und deren Beziehung zur Welt und zum gegenwärtigen Augenblick. So bin ich zwar in meinem Alltag von Mode umgeben, habe aber auch mein ganz eigenes Stilgefühl. Mode ist eine tolle Sache, doch ich glaube, dass dein Stil einen Teil deiner Identität ausmacht; du bringst dein inneres Selbst in der äußeren Welt zum Ausdruck.

Äußerlich schön zu sein bedeutet nicht zwangsläufig, dass du dich liebst, wie du bist. Sind dir nicht auch schon Menschen begegnet, die scheinbar alles erreicht haben, aber niemals wirklich glücklich sind? Man kann extrem attraktiv sein und sich trotzdem unsicher fühlen. Man kann ständig glauben, von anderen negativ beurteilt zu werden, und Opfer der eigenen Selbstkritik sein. Sich selbst wertzuschätzen bedeutet, einengendes und negatives Denken zu verändern. Es geht darum, zu sich selbst sagen zu können:

»Ich liebe und achte mich.«

Es kommt nicht darauf an, wie wir äußerlich aussehen, sondern wie wir uns innerlich fühlen. Es ist wichtig, dass wir uns selbst akzeptieren, uns wohl in unserer Haut fühlen und innere Stärke entwickeln, sodass wir ein gesundes, selbstbestimmtes und produktives Leben führen können. Sage zu dir:

»Wenn ich mich selbst liebevoll akzeptiere und wertschätze, strömen Liebe und Respekt in mein Leben.«

Herauszufinden, was du über dich selbst denkst, ist der erste Schritt, um dich von negativen Glaubenssätzen und Gedanken zu befreien. Ersetze negative Überzeugungen durch positive Affirmationen oder Gedanken der Kraft, die du im zweiten Teil dieses Buches findest.

Persönliche Überlegungen:

- *Wie würdest du anderen Menschen dein Äußeres beschreiben?*
- *Was empfindest du bezüglich deines Aussehens?*
- *Was gefällt dir an deinem Aussehen?*
- *Was kannst du daran ohne großen Aufwand verändern?*

Hast du mehr Negatives oder mehr Positives über dich gesagt? Ersetze jeden negativen Gedanken durch einen positiven. Selbst wenn es sich ein bisschen sonderbar anfühlt, solltest du jedes Mal, wenn du etwas Negatives denkst, diesen Gedanken durch eine positive Aussage ersetzen.

Ein Schönheitsratschlag, den ich besonders mag, findet sich in einem Gedicht von Sam Levenson. Es gehörte zu Audrey Hepburns Lieblingsgedichten:

Altbewährte Schönheitstipps

Für attraktive Lippen: Sprich freundliche Worte.
Für hübsche Augen: Siehe das Gute in den Menschen.
Für eine schlanke Figur:
Teile dein Essen mit den Hungernden.
Für schönes Haar: Lass täglich die
Finger eines Kindes hindurchstreichen.
Für eine gute Haltung: Gehe mit dem Wissen,
dass du nie allein gehst.

Menschen müssen, noch mehr als Dinge, gepflegt,
erneuert, belebt, regeneriert und wertgeschätzt
werden: Wirf niemals einen Menschen fort.
Denke daran: Wenn du eine helfende Hand brauchst,
findest du eine am Ende deines Arms.
Wenn du älter wirst, wirst du entdecken, dass du
zwei Hände besitzt: eine, um dir selbst zu helfen,
und eine, um anderen zu helfen.
Die Schönheit einer Frau ist nicht in den Kleidern,
die sie trägt, nicht in ihrer Figur oder der Art,
wie sie sich ihr Haar kämmt.
Die Schönheit einer Frau entdeckt man, wenn man
ihr in die Augen blickt und zu verstehen versucht,
wie sie die Welt sieht.
Das ist die Tür zu ihrem Herzen, dem Ort,
wo die Liebe wohnt.
Die Schönheit einer Frau liegt nicht in Mode
und Figur. Sie liegt in ihrer Fürsorge,
ihrer liebevollen Natur, in der Leidenschaft,
die sie dich erfahren lässt.
Und die Schönheit einer Frau –
sie wächst mit den Jahren!

Janine

Judy

Margaret

Nan Sanderson

Nan Kerr

Du bist, was du isst … und mehr!

Das Gute kommt von innen – …

körperlich, mental und spirituell. Man kann äußerlich nur leuchten, wenn man innerlich gesund ist. Funkelnde Augen, glänzendes Haar, eine schöne Haut lassen sich nur schwer erlangen, wenn man an Geist, Körper und Seele nicht wirklich gesund ist. Dabei geht es nicht nur um die Ernährung. Es geht um alles, was du aufnimmst und gibst. Es geht gleichermaßen um Geben und Empfangen.

Als Fotomodell habe ich einen extrem anstrengenden Terminkalender. Es kommt vor, dass ich innerhalb von zehn Tagen in bis zu sechs Länder reisen muss. Allein der Jetlag ist eine enorme Belastung für meinen Körper. Wenn ich nicht körperlich, emotional und spirituell sehr gut für mich sorgen würde, könnte ich in diesem Beruf keinen Erfolg haben.

Mein gesundes Leben …

Anfangs, als ich noch nicht das Wissen zum Thema gesunde Ernährung besaß, über das ich heute verfüge, verzichtete ich auf meine Lieblingsleckereien: Schokolade, Hähnchen und Eis. Doch dadurch wurde mein Verlangen nach diesen Dingen nur noch größer. Irgendwann gab ich dann doch nach und aß doppelt so viel davon. Hinterher fühlte ich mich schlecht und schuldig.

Wenn du beschließt, dass bestimmte Speisen »verboten« sind, wirst du nur noch mehr Appetit darauf bekommen! Meine Schwäche ist Grillhähnchen. Zwar weiß ich, dass es nicht gut für mich ist, und nicht nur wegen der Kalorien, aber dennoch gönne ich es mir ab und zu. Maßhalten und ein Bewusstsein darüber, was gut für dich ist, sind der Schlüssel zu Gesundheit und bestmöglichem Aussehen, ohne dass du dir die kleinen Leckereien und Köstlichkeiten völlig verkneifen müsstest.

Ich habe herausgefunden, dass ich dann, wenn ich mich selbst und meinen Körper wertschätze, den natürlichen Wunsch verspüre, ihn mit dem richtigen »Treibstoff« zu versorgen, sodass er seine volle Leistungsfähigkeit entfaltet. Meine Kenntnisse über Ernährung, die ich erworben habe, sind dabei sehr wertvoll, und ich nutze sie täglich. Ich esse die richtigen Lebensmittel für meinen Körper, trinke viel Wasser und sorge für eine regelmäßige Entgiftung. Heute verspüre ich nur selten Lust auf Nahrungsmittel, die nicht gut für mich sind, und wenn doch, gönne ich mir eine kleine Portion davon und genieße es wirklich. Auch habe ich gesunde Alternativen entdeckt, die sehr nahrhaft sind und manchmal sogar viel besser schmecken.

Fülle deinen Körper mit Nährstoffen …

und mehr. Seit meinem 14. Lebensjahr trinke ich täglich Nonisaft aus Tahiti – und ich liebe ihn. Er enthält viele Vitamine, Mineralien und Antioxidantien, die, wie ich glaube, das Immunsystem stärken, sodass meine Haut sich schön und weich anfühlt. Ich verwende diesen Saft auch seit Jahren äußerlich auf der Haut, bei Sonnenbrand oder gegen Pickel, und er hilft wirklich gut. Kürzlich habe ich meine eigene Bio-Hautpflegeserie entwickelt. Sie heißt KORA und enthält Nonisaft.

Tägliche Meditation garantiert mir, dass ich gesund, frisch und in der Lage bin, die Anforderungen meines Berufs zu bewältigen. Ich habe herausgefunden, dass dies zusammen mit guter Ernährung und ausreichend Bewegung bewirkt, dass ich weniger anfällig für Krankheiten bin. Und falls ich doch einmal krank werde, erhole ich mich schneller, denn ich gebe meinem Körper die richtigen Hilfsmittel, die er benötigt, um Krankheiten oder Infektionen abzuwehren.

Wenn es dir schwerfällt, dein körperliches Trainingsprogramm durchzuziehen, solltest du zusammen mit Freunden trainieren. Es fällt dann leichter, weil ihr euch gegenseitig motiviert, und es ist gesünder, als zusammen Kaffee trinken zu gehen! Das, was ich praktiziere, hält mich fit und gesund, kräftigt mein Immunsystem, verlangsamt den Alterungsprozess. Es ermöglicht mir, stets mein Bestes zu geben, ohne mich mit Diäten herumschlagen zu müssen. Ich verwende diese Affirmation: »Ich entscheide mich dafür, meinen Körper mit nahrhaftem Essen zu verwöhnen, und ich schätze und achte meine Seele.«

Yoga hält mich innen und außen fit und gesund. Es stimuliert mein Immunsystem, sorgt für bewegliche Gelenke, massiert die inneren Organe und erhöht Stärke und Flexibilität ebenso wie spirituelle Bewusstheit. Ich glaube, dass es außerdem den Alterungsprozess verlangsamt! Meine gute Freundin und Yogalehrerin Charlotte Dodson hat mich gelehrt, meine Yogapraxis durch stille Momente positiver Absicht, Hingabe und Dankbarkeit zu ehren.

Durch meine tägliche Yogapraxis habe ich gelernt, bewusst zu atmen. Das hilft mir, ganz im gegenwärtigen Moment zu sein, was ein wirklich kostbares Geschenk ist. Wenn meine Gedanken zu wandern beginnen, lenke ich meine Aufmerksamkeit bewusst wieder auf den Atem.

Der Atem ist schließlich die Essenz des Lebens.

Meine Top-Gesundheitstipps:

- Richte, statt Kalorien zu zählen, deine Aufmerksamkeit darauf, deinem Körper Nährstoffe zuzuführen.

- Frische Lebensmittel sind das Beste für deinen Körper. Vermeide nach Möglichkeit Fertignahrung, künstliche Süßungsmittel, Farbstoffe und andere Zusatzstoffe.
- Verwende so viel wie möglich natürliche und/oder organische Hautpflegeprodukte.
- Lege dir eine tägliche Glücks-Routine zu. Bei mir besteht sie darin, meinen Körper zu bürsten, 20 Minuten Power-Yoga zu praktizieren und mir während meiner täglichen Dusche den Lieblingssong anzuhören, den ich mir für den Tag ausgewählt habe.
- Singe, tanze und lache! Nichts wird dir ein wohligeres Gefühl geben als ein herzhaftes Lachen aus dem Bauch heraus. Lachen ist eine großartige Medizin und verjüngt die Seele.

Persönliche Überlegungen:

- *Wie sieht deine tägliche Glücks-Routine aus?*
- *Nimmst du dir im Rahmen dieser täglichen Routine Zeit, bewusst darüber nachzudenken, was du isst und trinkst?*
- *Wie kannst du dir mehr Informationen darüber beschaffen, welche Nahrungsmittel und Getränke gut für deinen Körper sind?*
- *Was nimmst du gegenwärtig zu dir?*
- *Was kannst du tun, um besser für deine Gesundheit und dein allgemeines Wohlbefinden zu sorgen?*

Paddy

Jaymee

Judith

Michelle

Es geht um dich

Noni

Gleichgewicht ist ein …

Schlüsselelement für dein Wohlbefinden. Stell dir eine altmodische Waage vor: Um die Waagschalen auszubalancieren, musst du die Elemente deines Lebens gleichmäßig auf beide Schalen verteilen. Befindet sich auf einer Seite zu viel, neigt sich die Waage zu dieser Seite. Aber wenn du auf beiden Waagschalen die genau richtige Menge platzierst, gelangst du zu einer ausgeglichenen, harmonischen Kraft.

Als ich in Japan in dem Haus mit den anderen Models lebte, war ich ziemlich aus dem Gleichgewicht. Natürlich war es toll, Mädchen aus vielen anderen Ländern kennenzulernen und mit ihnen die gleichen Herausforderungen zu teilen, aber es war auch chaotisch. So viele Leute kamen und gingen. Niemand trug dazu bei, unser Quartier zu einem wohnlichen Zuhause zu machen, sodass ich mich dort wirklich unbehaglich fühlte. Ich benötigte das Gegenteil der dort herrschenden Zustände.

Wir alle brauchen ein bisschen Zeit, um unsere Seele zu nähren und uns wieder auf unser wahres Sein und unsere tiefen Wünsche zu konzentrieren. Manchmal können unser Tagesablauf und die ständigen Verpflichtungen uns von dem Weg abbringen, den wir uns eigentlich wünschen. Wenn ich das bei mir bemerke, reagiere ich darauf, indem ich mir bewusst Zeit dafür nehme, die Dinge zu tun, die ich tun möchte. Wenn du ständig beruflich unterwegs bist wie ich, kann es ganz leicht geschehen, dass du zu wenig in der Gegenwart lebst und Gefahr läufst, zu vergessen, warum du eigentlich tust, was du tust!

Je mehr ich darüber nachdenke, wird mir bewusst, dass es im Leben nicht so sehr um das Tun geht, sondern um das »*Sein*« – wenn zum Beispiel eine eher unerfreuliche Situation eintritt, frage ich mich, statt wütend oder nervös zu werden: »*Wer möchte ich in dieser Situation sein?*« So schaffe ich die Möglichkeit, friedfertig, ruhig und liebevoll zu »sein«, was auch geschieht. Und auf dieser Basis entscheide ich dann, wie ich jeweils reagiere. Wenn ich andererseits aus der Perspektive des »Tuns« reagiere, bin ich der Situation und allem, was um mich herum geschieht, ausgeliefert. Indem ich bewusst wähle, wie ich »sein« möchte, und zwar in jeder Situation, vor die das Leben mich stellt, ermögliche ich es mir, so zu leben, wie ich es selbst gewählt habe.

Auch ist es wichtig, sich genügend Zeit zu gönnen, um auszuspannen, Wertschätzung zu praktizieren und nachzudenken.

Wenn du geistig entspannt bist, siehst du die Dinge klarer, findest du mit Leichtigkeit Problemlösungen und gewinnst ein Bewusstsein dafür, wo du momentan stehst und wo du hinwillst. Bist du ruhig, entspannt und friedvoll, kommst du wieder in Kontakt mit dem Menschen, der du wirklich bist.

Wenn ich das Bedürfnis nach Entspannung verspüre, höre ich häufig Musik. Dadurch können die Art, wie ich mich fühle, und meine Stimmung sich völlig verändern. Ich singe und tanze durchs Haus oder in meinem Hotelzimmer. Ich liebe es, mich ganz der Musik hinzugeben. So verschaffe ich mir Gelegenheit, innerlich ganz abzuschalten und an nichts anderes zu denken. Es ist wie eine Meditation in Bewegung.

Was ich ebenfalls sehr genieße, sind Aufenthalte in der freien Natur. So oft ich kann, laufe ich barfuß im Gras herum oder lehne mich an einen Baum. Diese kleinen Augenblicke helfen mir, ins Gleichgewicht zu kommen und mich wieder mit den starken Energien der Natur zu verbinden. So bekomme ich ein Gefühl dafür, was mein Platz in der Welt ist.

Meine Tipps für ein ausgewogenes, harmonisches Leben:

- Verwöhne dich und gönne dir eine Massage oder ein Entspannungsbad.
- Verbringe Zeit mit deinen Haustieren.
- Verbringe Zeit in der Natur: in Parks, am Strand oder einfach in deinem Garten. Ziehe die Schuhe aus und nehme Verbindung mit der Natur auf.

- Sorge für genügend Schlaf. Falls du nachts zu wenig Schlaf bekommen hast, mache während des Tages ein kurzes »Power-Nickerchen«.
- Sitze oder meditiere 20 Minuten in der Stille, wobei du dich ausschließlich auf deinen Atem konzentrierst.
- Verschaffe dir Bewegung! Ausgleichssport ist ein guter Weg, Endorphine freizusetzen. Diese körpereigenen Wohlfühl-Chemikalien sorgen für Stressabbau.
- Sei produktiv. Erstelle dir eine Liste der Dinge, die du während des Tages erledigen willst, wobei die mit der höchsten Priorität ganz oben stehen. Auf diese Weise kümmerst du dich rechtzeitig um Dinge, ehe sie zum Problem werden.

In der Gegenwart leben …

Wenn du im Gleichgewicht bist, wirst du feststellen, dass du außerdem im gegenwärtigen Moment zentriert bist. Wenn du entspannter werden und dein Leben besser im Griff haben willst, ist das von unschätzbarem Wert.

Bei der Vorstellung, in der Gegenwart zu leben, denken manche Menschen, dies bedeute, passiv zu sein und seine Ziele zu vergessen, sich keine Gedanken mehr über Vergangenheit und Zukunft zu machen – aber das ist nicht der Fall. In der Gegenwart zu leben heißt, sich von allem Stress, allen Sorgen zu befreien und dein zukünftiges Handeln nicht länger von diesen negativen Emotionen bestimmen zu lassen. So kannst du aktiv auf die

Verwirklichung deiner Ziele und Träume hinarbeiten, ohne dich immer neu dadurch zu stressen, dass du darüber nachgrübelst, wie weit du bei ihrer Verwirklichung schon gekommen bist oder was du in der Vergangenheit alles falsch gemacht hast. Auf diese Weise urteilen wir nicht über den gegenwärtigen Moment, sondern akzeptieren ihn so, wie er ist.

Das funktioniert bei mir wirklich gut. Es wäre ein Leichtes für mich, mich an all die Zeiten zu erinnern, in denen ich Fehler machte. Doch damit würde ich nur die Arbeit beeinträchtigen, die ich in der Gegenwart tue. Für den Job als Fotomodell gilt dies ganz besonders, denn wenn wir dabei ständig gestresst sind und uns Sorgen machen, sieht man uns das an! Wenn ich mich bewusst darauf konzentriere, in der Gegenwart zu sein, hilft mir das, mich ganz der unmittelbar vor mir liegenden Aufgabe zu widmen, ohne mein Verhalten von negativen Emotionen beeinflussen zu lassen.

Jeder neue Moment, in den wir eintreten, ist wie eine leere Leinwand; unsere Emotionen und Gedanken sind es, die dem, was wir sehen, seine Färbung verleihen.

Wenn du in der Gegenwart lebst, ist es leichter, die Realität der Situation zu akzeptieren, in der du dich gerade befindest. Wenn du die momentanen Gegebenheiten annimmst, kann der Prozess der Veränderung beginnen. Dann werden sich neue Möglichkeiten für dich auftun.

Persönliche Überlegungen:

- *Ist dein Leben im Gleichgewicht?*
- *Gibt es etwas, was du besser aufgeben solltest, um zu mehr Harmonie und Gleichgewicht zu gelangen?*
- *Wie kannst du mehr Gleichgewicht schaffen?*

Alison *Hayley* *Margaret*

Carlotta

Das grünäugige Monster

Eifersucht kann eine …

machtvolle Emotion sein, wenn man zulässt, dass sie außer Kontrolle gerät. Es wird dir nicht gelingen, dieses Monster mit einem traditionellen Schwert zu erschlagen, und es bringt bestimmt nichts, wenn du die Augen vor ihm verschließt und hoffst, dass es ganz von selbst wieder verschwindet. Jeder von uns hat schon einmal Eifersucht oder Neid verspürt, und das fühlt sich ganz gewiss nicht gut an.

Ein unsteter, hektischer Lebensstil wie meiner kann leicht dazu führen, dass wir uns verunsichert fühlen. Wenn ich nicht darauf achte, mich genügend zu erden, besteht die Gefahr, dass ich mich auf schmerzhafte emotionale Spiele einlasse. Doch wenn die Gefahr besteht, dass jemand solche negativen Gefühle in mir wachruft, entscheide ich mich bewusst dagegen. Natürlich ist das nicht immer leicht, und ich achte sorgsam auf meine Reaktionen. Wie alle Leute hatte ich in meinem Leben auch schon den einen oder anderen Eifersuchtsanfall. Mein damaliger Freund sagte mir einmal, dass er Blondinen bevorzugte. Das nahm ich mir sehr zu Herzen und jedes Mal, wenn ich ihn mit einer Blondine sprechen sah, wurde ich sehr eifersüchtig und ärgerlich. Das beunruhigte mich, denn es gefiel mir ganz und gar nicht, eifersüchtig zu sein.

Also dachte ich gründlich über meine Reaktion nach. Mir wurde klar, dass sie ein Ausdruck von Schwäche war. Hätte er mit einer Blondine zusammen sein wollen, hätte er eine Blondine gewählt und nicht mich. Ich beschloss, zu vertrauen und unsere Beziehung und meine Einzigartigkeit wertzuschätzen.

Yoga und Meditation zu praktizieren hilft mir, inneres Gleichgewicht zu schaffen. Und das erzeugt ein tiefes Glücksgefühl. Wenn ich heute jemals einen Anflug von Eifersucht verspüre, atme ich tief durch und nehme das Gefühl an. Wenn man solche Gefühle akzeptiert, ihnen gegenüber achtsam ist, gehen sie in der Regel schnell vorüber. Wenn das nicht funktioniert, schreibe ich meine Gedanken und Gefühle auf, und zwar so offen und aufrichtig, wie ich kann. Das gibt mir Gelegenheit, meine Gedanken schwarz auf weiß zu sehen, mich innerlich von dem zu lösen, worum diese Gedanken kreisten, und mich wieder ins Gleichgewicht zu bringen.

Ich glaube, bei Eifersucht geht es ganz um negative Energie und um Aufmerksamkeit. Quelle der Eifersucht ist ein Gefühl der eigenen Unzulänglichkeit. Eifersüchtig werden wir, wenn wir unser Selbstgefühl bedroht glauben. Diese Emotion zu verspüren deutet auf eine Identitätskrise hin. Es ist ein Appell aus unserem Inneren, an uns zu arbeiten und besser ins Gleichgewicht zu kommen. Ich glaube, alle unsere Emotionen dienen dazu, uns zu zeigen, wer wir sind. Eifersucht bildet da keine Ausnahme. Wenn du dich wirklich wohl in deiner Haut fühlst und Zutrauen in deine Fähigkeiten hast, kannst du Eifersucht in Akzeptanz umwandeln.

Eifersucht ist nicht dasselbe wie gesunder Wettbewerbsgeist. Im Sport oder im Geschäftsleben kann ein gesunder Wettkampfgeist uns motivieren, unsere Ziele zu erreichen. Wenn es aber darum geht, mit anderen zu wetteifern, wer besser aussieht, besser gekleidet ist oder die wohlklingendere Stimme hat, sollten wir doch einen Schritt zurücktreten und über unsere Prioritäten nachdenken. Spiele dieser Art bringen das Schlechteste in uns und anderen Menschen zum Vorschein und schüren immer neue Konkurrenzkämpfe. Um mich davor zu bewahren, verwende ich diese Affirmation: »Ich gestatte es anderen Menschen, zu sein, was sie sein wollen. Ich akzeptiere und liebe andere bedingungslos.«

Es ist wichtig, uns immer wieder ins Bewusstsein zu rufen, dass wir alle so, wie wir sind, vollkommen sind. Wir alle haben Stärken und Schwächen und wir verfügen über die Ressourcen, um dazuzulernen und uns weiterzuentwickeln. Es liegt in unserer Verantwortung, das Besondere in uns zu entdecken und unsere Talente zu entfalten. Es hilft uns nicht weiter, wenn wir unser Wohlbefinden von der Meinung anderer abhängig machen. Arbeite daran, dich selbst zu akzeptieren, wie du bist, und mache dich zur bestmöglichen Version deiner selbst.

Wir alle sind einzigartige Blumen im Garten des Lebens. Wir sollten uns für unsere Einzigartigkeit öffnen und uns nicht mit anderen vergleichen. Eine Rose ist auf ihre eigene Art schön, ebenso wie ein Gänseblümchen und eine Sonnenblume. Sie sind einzigartig. Erst wenn wir unsere Individualität akzeptieren, werden wir unsere Gaben wirklich zum Blühen bringen.

Meine Tipps für den Umgang mit Eifersucht:

- Finde heraus, was dich eifersüchtig macht und warum. Nimm das Gefühl bewusst wahr und akzeptiere es.
- Statt dich auf das negative Gefühl der Eifersucht zu konzentrieren, lass dich von ihm zu positiven Veränderungen motivieren. Entwickle, statt dich auf das zu konzentrieren, was du nicht hast, den Antrieb, dir das zu verschaffen, was du dir wünschst.
- Nimm dir die Zeit, das wertzuschätzen, was du hast.
- Befreie dich von Neid und Eifersucht. Schreibe auf, wie du dich fühlst, oder spreche mit jemandem darüber. Das ist besser, als solche Gefühle in dich hineinzufressen, was sehr schädlich sein kann.
- Vergleiche dich nicht mit anderen. Denke immer daran, dass jeder Mensch anders und einzigartig ist. Richte deine Aufmerksamkeit auf deine Stärken und deine Einzigartigkeit.
- Akzeptiere dich.

Persönliche Überlegungen:

* *Auf wen bist du eifersüchtig?*
* *Was steckt hinter deinen Eifersuchtsgefühlen?*
* *Wie kannst du diese negativen Gefühle in positives Handeln transformieren, das dich deinen Zielen näher bringt?*

Carlii

Danielle

Lauren

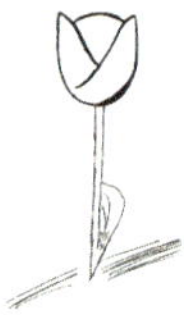

Sally

Romy

Beziehungen sind deine Stärke

Die Beziehungen in …

deinem Leben können von reibungslos und unkompliziert bis launisch und problematisch variieren. Sie beginnen nicht so einfach, um dann sofort zu »Sie lebten glücklich und in Frieden« weiterzuspringen. Beziehungen brauchen Zeit, Akzeptanz und Anstrengung, um zu etwas Schönem heranzureifen.

Ich habe herausgefunden, dass die besten Beziehungen auf Vertrauen, Ehrlichkeit und Kommunikation beruhen. Wenn eines dieser Elemente fehlt, zerfallen sie. Ich bin fest davon überzeugt, dass sich in all deinen Beziehungen die Glaubenssätze und Werte widerspiegeln, die du in Bezug auf dich selbst und das Leben hegst. Deine Beziehungen zu anderen Menschen können dir eine Menge über dich selbst verraten.

Wenn in einer Beziehung Schwierigkeiten auftauchen, frage ich mich manchmal, ob ich nicht allein besser dran wäre, leichter Frieden finden könnte. Doch dann wird mir klar, dass es gerade diese schwierigen Beziehungen sind, die mir helfen, zu einer besseren Version meiner selbst zu werden. Beziehungen zwingen uns, unsere am wenigsten wünschenswerten Eigenschaften und Wesenszüge zur Kenntnis zu nehmen. So, wie Steine, die im Fluss aneinanderstoßen, sich gegenseitig glatt polieren, poliert uns das Leben durch die Schwierigkeiten, die wir in unseren Beziehungen erleben.

Das heißt aber nicht, dass wir in Beziehungen ausharren sollten, denen wir entwachsen sind. Manchmal können wir uns selbst gerade dadurch Achtung erweisen, dass wir eine Beziehung beenden, die nicht länger unseren Bedürfnissen entspricht.

Zu den härtesten Entscheidungen in meinem Berufsleben gehörte es für mich, meinen Agenten zu wechseln. Das fiel mir sehr schwer, denn ich mochte meinen früheren Agenten persönlich sehr gern. Doch am Ende musste ich mich von ihm trennen, weil er meine geschäftlichen Bedürfnisse nicht mehr erfüllen konnte.

Achte und wertschätze dich selbst …

Wenn du dich selbst nicht respektierst, wie kannst du dann erwarten, dass andere dir Respekt entgegenbringen? Wenn du dich ständig wegen jedes kleinen Fehlers niedermachst, werden die Leute in deiner Umgebung ebenfalls darauf anspringen und dich kritisieren. Doch wenn du beginnst, dich selbst wertzuschätzen, werden auch die anderen dich respektieren. Die Wahrheit ist: *Wenn du dich selbst wertschätzt, werden auch alle in dei-*

ner Umgebung deinen Wert erkennen. Andere Menschen werden nur so gut mit dir umgehen, wie du selbst mit dir umgehst. Das gilt für alle zwischenmenschlichen Beziehungen, aber in romantischen Beziehungen ist es oft besonders offensichtlich.

Was das Knüpfen einer neuen Liebesbeziehung angeht, lautet mein Rat: Bleib dir selbst treu und sei dir darüber im Klaren, was du willst.

Wenn die Person, für die du dich interessierst, dich nicht zurückruft, zeigt das, dass die Sache wenig Aussichten hat und du dich besser nicht daran klammern solltest. Wenn eine Beziehung zerbrochen ist, solltest du dein Denken bewusst unter Kontrolle halten. Dann wirst du erkennen, dass deine Gedanken deine Realität hervorbringen und darüber bestimmen, wie du dich fühlst. Du kannst nun entweder alles zerpflücken, was in der Beziehung schiefgelaufen ist, und endlos darüber nachgrübeln oder du kannst daraus lernen und die Erfahrung nutzen, um ein besserer Mensch zu werden.

Ein gebrochenes Herz heilen …

Wenn eine Beziehung endet, versuche ich, von Tag zu Tag bewusst darauf zu achten, was gerade heilsam für mich ist. An manchen Tagen möchte ich allein sein, während mir an anderen Tagen danach ist, zu tanzen und mit Freunden auszugehen. Es ist okay, total aufgewühlt zu sein und seinen Emotionen freien Lauf zu lassen, statt gegen sie anzukämpfen. Dabei solltest du dir aber immer wieder sagen, dass du die Kraft hast, das alles heil zu überstehen. Jede persönliche Reise hat ihre Höhen und Tiefen.

Wichtig ist, dir stets ins Gedächtnis zu rufen, dass du ein einzigartiger Mensch bist und der Welt viel zu geben hast. Vergiss nicht alle deine anderen wichtigen Beziehungen – zu deinen Freunden und deiner Familie.

Weil ich so viel zu tun habe, kommt es vor, dass ich gar nicht dazu komme, mich einmal ruhig hinzusetzen und darüber nachzudenken, was in meinem persönlichen Leben gerade abläuft. Manchmal kann das geradezu ein Segen sein, zumindest für eine Weile. Doch letztlich können wir alle uns nicht vor dem notwendigen Heilungsprozess drücken, auch wenn wir beruflich noch so viel zu tun haben.

Zerbrochene Liebesbeziehungen sind schwer zu verkraften, aber ich habe durch sie einige meiner wertvollsten Lebenslektionen erhalten. Wenn ich dann Gelegenheit habe, in Ruhe darüber zu reflektieren, erkenne ich, wie ich durch die Erfahrung als Mensch stärker geworden und gereift bin.

Ich glaube, dass jede unserer Beziehungen zu einem anderen Menschen aus gutem Grund in unser Leben kommt. Es ist wichtig, sie nicht miteinander zu vergleichen, weil jede anders sein wird. Es ist eine Reise, die ihr gemeinsam unternehmt, bei der du dich an den geteilten Erfahrungen und der einander geschenkten Liebe erfreust. Durch deine zwischenmenschlichen Beziehungen, gerade auch Liebesbeziehungen, kannst du eine Menge über dich selbst lernen.

Bevor du dich auf eine neue intime Beziehung einlässt, solltest du darüber nachdenken, wo du selbst stehst und was du dir wirklich wünschst.

Wenn wir uns Zeit für uns selbst nehmen und uns besser kennenlernen, werden wir beim nächsten Mal bessere Entscheidungen treffen. Zu dem Menschen, der du heute bist, hast du dich aufgrund deiner bisherigen Lebenserfahrungen entwickelt. Nimm dir einen Moment Zeit, um über alle deine früheren Beziehungen und die wertvollen Lektionen nachzudenken, die sie dir vermittelt haben. Zumindest solltest du dadurch eine klarere Vorstellung gewinnen, was du *nicht* willst.

Suche nicht nach einem Partner oder einer Partnerin, um dich durch diesen anderen Menschen heil und vollständig zu fühlen. Dementsprechend solltest du nicht eine Person als Partner/Partnerin wählen, die glaubt, jemanden zu brauchen, um sich heil und vollständig fühlen zu können. Wir alle sind, so, wie wir sind, heil und vollständig. Wenn wir hoffen, dass ein anderer Mensch uns glücklich macht, muss das letztlich mit einer Enttäuschung enden, denn nur *du selbst* kannst *dich* glücklich machen.

Allein fliegen …

Man muss nicht in einer Partnerschaft leben, um ein erfülltes Leben zu führen. Es ist auch schön, Single zu sein! Versuche, in der Gegenwart zu sein, dich offen auf das Leben einzulassen. Nimm dir Zeit für die Dinge, die dir Freude machen.

Für mich sind das Tanzen, Yoga, Wandern, gutes Essen in wundervoller Gesellschaft oder Schreiben.

Überlege, welche Dinge du besonders gern tust. Folge deinen leidenschaftlichen Interessen, denn ob du nun in einer Partnerschaft lebst oder als Single, deine Lebensziele und Träume sind ganz deine eigenen. Sie werden dir Energie verleihen und deinem Leben einen größeren Sinn geben.

Manchmal neigen wir in einer Beziehung dazu, die Dinge zu vergessen, die wir als Individuum tun und erreichen wollen. Wir sind dann ganz auf unsere Paarbeziehung fixiert, und wenn die Beziehung endet, fällt es uns schwer, wieder Tritt zu fassen.

Nutze diese Gelegenheit des Alleinseins, um wieder Fühlung mit dir selbst und deinen Bedürfnissen aufzunehmen. Auch hast du nun Zeit, die Freundschaften zu pflegen, die dir etwas bedeuten. Es ist gut, dich immer wieder daran zu erinnern, dass du nicht allein bist. Es gibt andere Menschen in deiner Nähe, die ebenfalls gerade solo sind und sich ihres Lebens freuen.

Die Macht der Freundschaft …

Meine Freundschaften sind eine Kraftquelle, von der ich weiß, dass ich mich darauf verlassen kann. Ich war immer schon der Meinung, dass Freunde die Engel sind, die uns geschickt werden, um uns auf unserem Weg zu helfen. Sie bringen Ermutigung, Verständnis, Stärke, Spaß und Lachen in unser Leben. Neben meiner Familie weiß ich genau, wen ich anrufe, wenn ich etwas besprechen möchte oder einen Rat benötige. Liebesbeziehungen können kommen und gehen, aber wahre Freunde werden immer für dich da sein.

Ich habe gelernt, dass die dauerhaften Freundschaften jene sind, bei denen ein ausgewogenes Verhältnis zwischen Geben und Nehmen besteht. Wenn du dir gute Freunde wünschst, solltest du selbst ein guter Freund/eine gute Freundin sein! Schau dir in die Augen – wärst du gerne mit dir befreundet?

Ein guter Freund zu sein heißt, zuhören zu können, vertrauenswürdig zu sein und zu wissen, wann es gilt, einen Ratschlag zu geben, und wann es besser ist, einfach nur da zu sein und zuzuhören. Ich bin nicht immer mit meinen Freundinnen und Freunden einer Meinung, und sie auch nicht mit mir. Das ist völlig in Ordnung so, denn es macht jeden Menschen in unseren freundschaftlichen Beziehungen interessant. Wir alle haben Meinungsverschiedenheiten mit den Menschen, die uns nahestehen, und es ist wichtig, sich nicht in kleinliche Streitigkeiten zu verstricken. Erzähle keine »Geschichten«, sondern bleibe bei der Wahrheit, sei authentisch und aufrichtig. Das ist die beste Art, mit Meinungsverschiedenheiten im Freundeskreis umzugehen. Leider werden die »Geschichten«, die viele Leute erzählen, für sie selbst zur Realität, und sie blasen sie dann im Übermaß auf. Betrachte eine Meinungsverschiedenheit als das, was sie ist, und miss ihr keine übermäßige Bedeutung bei. Wenn eine Freundschaft dir wirklich am Herzen liegt, lohnt es sich auf jeden Fall, versöhnlich zu sein.

Loslassen lernen …

Während ich mich durch jede neue Lebenserfahrung verändert habe und gewachsen bin, haben sich auch einige meiner Freunde verändert. Anfangs beunruhigte mich das, da die Menschen, die mir früher nahegestanden hatten, nun nicht mehr Teil meines Lebens waren.

Schließlich zeigte sich aber, dass ich, während meine Wertvorstellungen und Glaubenssätze sich weiterentwickelten, gleichgesinnte Menschen anzuziehen begann.

Manche meiner Freundinnen und Freunde befinden sich auf einer ähnlichen Reise wie ich, und ich weiß, dass dies Freundschaften fürs ganze Leben sind. Andere sind Wegweiser, die uns im entscheidenden Moment den richtigen Pfad zeigen oder uns nur für eine Weile begleiten, bis sie oder wir selbst eine andere Richtung einschlagen und sich unsere Wege wieder trennen. Ich wertschätze beides, da alle Menschen in meinem Leben zu der Person beigetragen haben, die ich heute bin.

Mir wurde einmal gesagt, dass man, wenn man wissen möchte, wie ein Mensch ist, sich seine Freunde anschauen soll. Es ist wichtig, dass wir die Gesellschaft von Menschen suchen, die unser wahres Sein widerspiegeln, und dass wir uns selbst nicht verbiegen, um uns bei anderen beliebt zu machen.

Echte Freunde akzeptieren dich so, wie du bist, und sind zur Stelle, wenn andere dich im Stich lassen.

Persönliche Überlegungen:

- *Was verraten dir deine Beziehungen über dich selbst?*
- *Was könnte anders sein?*
- *Was kannst du ändern, um bessere Beziehungen zu anderen Menschen zu haben?*

Charlotte

Lilly

Marija

Ashlee

Liesel

Erfolg magisch anziehen

Je mehr Energie oder …

Aufmerksamkeit du einer Sache widmest, desto mehr Raum wird sie in deinem Leben einnehmen. Stell es dir wie Licht vor. Wenn deine Aufmerksamkeit weich und flackernd wie Fackelschein ist, werden auch die Resultate klein und unklar sein. Ist deine Aufmerksamkeit wie ein Laserstrahl, dann werden interessante Dinge geschehen. Jene, die in dieser Welt die größten Leistungen vollbringen, bündeln ihre Aufmerksamkeit wie einen Laserstrahl und bewirken damit Erstaunliches. Wie du deine Aufmerksamkeit lenkst und fokussierst, bestimmt darüber, welche Erfahrungen du machst.

Vielleicht denkst du, es wäre dir nicht bestimmt, Erstaunliches zu leisten, aber das Leben könnte dir zu unerwarteten Gelegenheiten verhelfen. Denke jetzt einmal darüber nach, was du dir wünschst: einen neuen Job, eine Traumreise oder einen Seelengefährten. Habe ich ein Ziel, das ich erreichen möchte, frage ich mich zunächst, wie sehr ich es mir wirklich wünsche. Wenn mein Ziel auf einer Skala von eins bis zehn nur in der Mitte rangiert, dann weiß ich, dass ich nicht genügend Energie aufbringen werde, um es zu verwirklichen. Wenn der Wunsch jedoch wirklich stark ist, bekommt er eine hohe Priorität, und ich arbeite entschlossen darauf hin.

Nutze deine Ressourcen …

Lange Zeit waren meine Gefühle bezüglich meines Modelberufs zwiespältig. Ich hegte eine Menge Vorurteile über ihn und, ehrlich gesagt, es war mir peinlich, als Model zu arbeiten. Schließlich ging es dabei weder darum, ein Heilmittel gegen Krebs zu finden, noch die Regenwälder zu retten oder sich für den Weltfrieden einzusetzen! Dann erinnerte mein Vater mich daran, dass ich doch das, was ich jetzt mache, und alles, was ich gelernt habe, nutzen kann, um etwas zu tun, was ich für wirklich wertvoll halte. Ich kann meine Bekanntheit als internationales Fotomodell nutzen, um öffentliche Aufmerksamkeit für die Dinge zu wecken, die mir im Leben wichtig erscheinen, und meine Erfahrungen und meine Reise mit anderen teilen. Diese Erkenntnis half mir, meine jetzige Tätigkeit wirklich zu akzeptieren und die großartigen Möglichkeiten wertzuschätzen, die sich für mich daraus ergeben.

Gegenwärtig unterstütze ich die gemeinnützigen Organisationen Koala Foundation und Kids Helpline, und in Zukunft werde ich mit Sicherheit noch weitere Projekte unterstützen.

Wenn du erst einmal damit begonnen hast, dein Denken zu verändern und die Dinge in dein Leben zu ziehen, die du dir wünschst, kannst du darüber nachdenken, was du für andere tun kannst. Das, was du dann tust, muss keine große Geste sein.

Etwas so Einfaches, wie sich liebevoll der Gesundheit und dem Wohlergehen eines anderen lebendigen Wesens anzunehmen, kann erstaunliche Resultate bewirken. Als ich meine Hündin Frankie bekam, war sie ein winziges, verschüchtertes, zitterndes kleines Ding. Ich schenkte ihr all meine Liebe und Aufmerksamkeit, und innerhalb weniger Wochen verwandelte sie sich in eine fröhliche, glückliche und gesunde junge Hündin. Heute schenkt sie allen, die ihr begegnen, Glück und Liebe.

Es ist nicht nötig, dass du auf ein großes Projekt wartest; auch jede kleine Handlung hat die Kraft, dein Leben zu verwandeln. Hast du einmal begonnen, Positives zu tun, breitet sich die Wirkung aus wie eine Welle und hat das Potenzial, das Leben anderer zu berühren.

Meine Mutter hat oft zu mir gesagt: »Wenn du etwas tun willst, dann mach es richtig.« Das ist nicht allzu tiefsinnig, sondern ziemlich simpel, doch dieser Gedanke hat sich für mich als sehr wirkungsvoll erwiesen. Er beeinflusst, wie ich die Dinge in allen Lebensbereichen angehe. Wenn ich meine Zeit und Energie in eine Sache investiere, dann widme ich mich ihr auch ohne Wenn und Aber.

Wenn du Selbstvertrauen aufbaust und Herausforderungen freudig annimmst, erwächst daraus ein klareres Bewusstsein dafür, was du im Leben tun möchtest. Tust du halbherzig, was andere von dir erwarten, steht das der Verwirklichung deiner eigenen Wünsche und Träume im Weg. Triff eine bewusste Entscheidung, was du gerne machen möchtest, und widme dieser Sache deine volle Aufmerksamkeit. Dann wirst du den größten Lohn daraus ziehen.

Meine Tipps für wunderbare Erfolge:

1. Sei schöpferisch, und wenn du etwas erschaffst, denke daran:

Der Sinnzusammenhang ist entscheidend. Damit meine ich, dass du immer erntest, was du gesät hast. Gleiches zieht Gleiches an.

Wenn du dich entscheidest, positiv zu sein, werden positive Dinge geschehen. Wenn du dich entscheidest, mit einer negativen Einstellung durchs Leben zu gehen, wirst du negative Erfahrungen anziehen.

Konzentriere dich also lieber darauf, Gutes zu erschaffen. Denn dann werden in deinem Leben gute Dinge geschehen.

2. Fokussiere deine Absicht.

Entscheide, was für dich im Moment das wichtigste Ziel ist. Schreibe es klar und präzise auf, als hättest du es bereits erreicht. Zum Beispiel hat »Ich bin gesund« mehr

Kraft als »Ich möchte gesund werden«. »Ich bin von liebevollen, fürsorglichen Freunden umgeben« ist wirkungsvoller als »Ich möchte von meinen Freunden geliebt und unterstützt werden«. »Ich wohne nahe bei meiner Arbeitsstelle in einer wunderschönen Wohnung, die ich mir mühelos leisten kann« ist wirkungsvoller als »Ich möchte nahe bei meiner Arbeitsstelle eine Wohnung, die ich mir mühelos leisten kann«.

Damit du dein Ziel erreichst, kommt es entscheidend auf die richtige Wortwahl an.

3. Fertige eine Visionstafel an.

Werde bei der Arbeit an deinen Zielen kreativ.

Dazu benötigst du einen großen Bogen Kartonpapier. Schreibe dein Ziel oben auf den Bogen. Schneide Fotos aus Zeitschriften aus und zeichne, schreibe oder klebe alles auf deine Tafel, was dein Ziel repräsentiert. Ich mag es bunt, daher verwende ich Magazinfotos, Buntstifte und Farbe. Hänge deine Visionstafel an einer Stelle auf, wo du sie täglich siehst. Mein Lieblingsplatz ist in meinem Schlafzimmer. Dort kann ich sie abends betrachten und mir vor dem Einschlafen vorstellen, dass sich alle diese Dinge in meinem Leben verwirklichen.

4. Werde jetzt aktiv!

Vergiss nicht, deine gesamte Energie auf deine Absicht zu fokussieren. Wenn du keinen vollen Einsatz zeigst, wirst du nichts Herausragendes zustande bringen. Solange du passiv auf der Couch herumliegst, wirst du niemals die Liebe deines Lebens treffen! Und einen tollen Job bekommst du nur, wenn du dich dafür qualifizierst und dich anstrengst. Informiere dich. Finde alles heraus, was du wissen musst, um dein Ziel zu verwirklichen. Besuche entsprechende Kurse oder bitte deine Familie oder Freunde um Hilfe.

Wenn du zu zweifeln beginnst, schaue auf deine Visionstafel, um dich daran zu erinnern, warum du dein Ziel erreichen willst. Denke darüber nach, wie es sich anfühlen wird, wenn du es erreicht hast. Rufe diese Gefühle wirklich in dir wach: das Glück, die Befriedigung, die Freude über den Erfolg.

Schließe die Augen und stell dir so lebhaft wie möglich vor, dein Ziel zu erreichen. Das sollte dir die nötige Motivation verleihen, die du brauchst, um am Ball zu bleiben.

Am wichtigsten ist: Vergegenwärtige dir, dass du den Erfolg verdienst und dass du alles, was du dafür benötigst, in dir trägst, alle Hilfsmittel, die du je benötigen wirst, um dir das Leben zu erschaffen, das du dir wirklich wünschst.

Alles, was du dafür brauchst, ist eine gesunde Portion Entschlossenheit, das richtige Maß an Konzentration, eine kräftige Prise Leidenschaft und einige Handvoll positive Lebenseinstellung!

Persönliche Überlegungen:

- *Ist deine Energie fokussiert oder zerstreut?*
- *Was ist gegenwärtig dein wichtigstes Ziel?*
- *Was musst du tun, um deine Energie auf das Erreichen dieses Ziels fokussiert zu halten?*

Sianna

Maz

Brooke

Nan Smith

Vergiss nicht, Danke zu sagen

Dankbarkeit erschließt uns die Fülle des Lebens. Sie verwandelt das, was wir haben, in genug und mehr. Sie verwandelt Ablehnung in Akzeptanz, Chaos in Ordnung, Verwirrung in Klarheit. Sie kann eine einfache Mahlzeit in ein Festmahl verwandeln, ein Haus in ein Zuhause, einen Fremden in einen Freund. Dankbarkeit verleiht der Vergangenheit einen Sinn, bringt in der Gegenwart Frieden und erschafft eine Vision für die Zukunft.

Melodie Beattie

Dankbarkeit ist unverzichtbar …

Dankbar zu sein hilft dir, eine positive Lebenseinstellung zu entwickeln. Dankbarkeit verlagert deine Aufmerksamkeit von dem, was du nicht hast, auf alles, was du hast. Ich versuche nach Kräften, aus einer Haltung der Dankbarkeit zu leben. Das bedeutet, mich auf das Positive zu konzentrieren und die Segnungen meines

Lebens mit anderen zu teilen, wenn ich kann. Wenn ich einmal müde bin oder ein gewisses Selbstmitleid verspüre, zähle ich in Gedanken all die Dinge auf, für die ich dankbar sein kann. Dankbarkeit hilft mir, wenn es bei einem Shooting für Bademoden so kalt ist, dass es anfängt zu schneien. Oder wenn ich wegen eines Termins um vier Uhr morgens aufstehen muss. Ich rufe mir ins Gedächtnis, dass alles, was ich tue, mich meinen Zielen näher bringt. Dankbar zu sein verleiht mir einen sofortigen Energieschub und bringt mich wieder in die Gegenwart zurück.

Es gibt in meinem Leben viele Dinge, die mich mit Dankbarkeit erfüllen.

Die vielen liebenswerten Menschen in meinem Leben, meine Familie und meine Freunde, alte und neue, stehen dabei ganz oben auf meiner Liste. Dass ich als Australierin in einem Land mit so wunderschöner Natur aufwachsen durfte, ist etwas, was ich zutiefst zu schätzen weiß. Die Möglichkeit, in der Welt umherzureisen und viele faszinierende Orte zu besuchen, ist ebenfalls ein Grund, wirklich dankbar zu sein.

Ich habe einen gesunden Körper, Augen, um die Welt zu sehen, und eine Stimme, um zu sagen, was ich denke. Ich bin dankbar für meine Karriere, für alle Menschen, die mir auf meinem Weg begegnet sind, und für mein wundervolles Unterstützungsteam. Ich bin außerdem dankbar für meinen großartigen kleinen Hund Frankie, der so viel Sonnenschein in mein Leben bringt.

Dankbar zu sein kann deine ganze Lebensperspektive verwandeln.

Wenn ich, was selten vorkommt, einen schlechten Tag habe oder die Dinge nicht so laufen wie geplant und ich das Gefühl habe, meine Träume aufgeben zu müssen, trete ich einen Schritt zurück und schaue mir an, wie viel Glück ich habe. Ich möchte dich ermutigen, es genauso zu machen. Wenn du dich das nächste Mal niedergeschlagen fühlst, besuche ein Einkaufszentrum, ein Obdachlosenasyl oder ein Kinderkrankenhaus und schaue dich dort um.

Wenn wir uns die Zeit nehmen, unsere Umwelt wirklich achtsam wahrzunehmen, lernen wir zu schätzen, wie gut es uns eigentlich geht. Dankbarkeit ermöglicht es mir, das Leben so zu sehen, wie es ist, und gibt mir die Gelegenheit, in jedem Augenblick bewusst zu leben. Wenn du eine bewusste Anstrengung unternimmst, dankbar zu sein, wirst du feststellen, dass du öfter glücklich bist, und Dinge, die du sonst als deprimierend oder stressig empfandst, werden dich viel weniger belasten.

Dankbar zu sein ist auch gut für die Gesundheit.

Wenn ich mich bewusst auf all die Dinge konzentriere, für die ich dankbar bin, verschwindet das Bedürfnis, über die Vergangenheit nachzugrübeln oder mir wegen der Zukunft Sorgen zu machen. Mir wird klar, dass die Vergangenheit vorüber und abgeschlossen ist und dass alles, was künftig geschehen wird, Teil meines vorwärts führenden Entwicklungspfades ist.

Sobald ich merke, dass ich mich undankbar fühle, gehe ich aus dem Haus, mache einen Spaziergang und schaue mir die Wirklichkeit an.

Kleinste Erlebnisse können Dankbarkeit wecken.

Während eines anstrengenden Tages ärgerte ich mich einmal über zusätzlich anfallende Arbeit, also zog ich mich in meine Garderobe zurück, um eine Pause zu machen und meine Gedanken zu ordnen. Im Hintergrund lief im Fernsehen die Wiederholung eines Films, den ich bereits in der Woche zuvor gesehen hatte: *Das Streben nach Glück* mit Will Smith. Zu sehen war gerade die Szene, in der die von Will Smith gespielte Hauptfigur mit ihrem Sohn die Nacht auf dem Boden einer öffentlichen Toilette verbringen muss, weil es für sie keine andere Unterkunft gibt und er immer noch keine Arbeit gefunden hat, um für seinen Sohn sorgen zu können.

Dieser Anblick änderte meine ganze Einstellung und erinnerte mich daran, alles in meinem Leben wertzuschätzen und nichts als selbstverständlich anzusehen.

Wie man mit Negativität umgeht …

Es ist eine Herausforderung, mit Negativität richtig umzugehen, sei es in dir selbst, im Umgang mit anderen Menschen oder in bestimmten Situationen. Ich gebe mir alle Mühe, mich über sie zu erheben und mich auf die Menschen zu konzentrieren, die inspirierend und hilfsbereit sind. Die negativen Menschen, die uns im Leben begegnen, geben uns Gelegenheit, wirklich dankbar für alle die inspirierenden und wunderbaren Leute zu sein, von denen wir umgeben sind. Menschen und die Natur sind für mich das Wichtigste.

Nichts ist wichtiger, als deine Liebe und Wertschätzung den Menschen in deinem Leben und der natürlichen Umwelt zu schenken, die uns umgibt und ernährt.

Ein ausgezeichneter Weg, dankbarer zu sein, besteht darin, ein Dankbarkeits-Tagebuch zu führen, in das du täglich alles einträgst, wofür du dankbar bist. So werden wir uns, indem wir sie aufschreiben, nicht nur stärker der guten Dinge in unserem Leben bewusst, sondern wir sehen auch, welchen wertvollen Beitrag andere Menschen dazu leisten und was unsere Rolle im großen Ganzen ist. An einem Tag schreibst du vielleicht auf, wie dankbar du für deine Wohnung bist und all die Dinge, mit denen du dich dort wohnlich eingerichtet hast. Ein anderer Eintrag beschäftigt sich eventuell damit, wie dankbar du für deine Freunde und deine Familie bist. Du kannst sogar über das köstliche Frühstück schreiben, das du am Morgen genossen hast!

Ich bin besonders dankbar für jene Momente während des Tages, wenn ich hinaus ins Freie gehen kann, um die Sonne auf meiner Haut zu spüren und mir eine Prise frische Luft zu gönnen. Wenn ich mich an solche Momente erinnere, fühlt es sich fast so an, als würde ich sie hier und jetzt erneut erleben.

Am besten gehst du kreativ an das Führen eines solchen Dankbarkeits-Tagebuches heran. Denke dabei außerhalb deiner gewohnten Bahnen. Vielleicht gibt es ja fünf Hauptpunkte, für die du jeden Tag dankbar bist, aber richte ein besonderes Augenmerk darauf, die unerwarteten Dinge wahrzunehmen, für die du dankbar sein kannst.

Manchmal hilft es sogar, wenn du dir etwas Zeit dafür nimmst, über die schweren Zeiten nachzudenken, die du erlebt hast. Wenn ich an ein schwieriges Erlebnis denke, sei es privat oder beruflich, kann ich mir anschauen, wo ich heute stehe, wie viel ich bereits erreicht habe und wie ich durch diese unangenehmen Erfahrungen gewachsen bin.

Persönliche Überlegungen:

- *Wofür bist du dankbar?*
- *Welche positiven Aspekte gibt es zurzeit in deinem Leben?*
- *Wer oder was inspiriert dich?*
- *Wie kannst du öfter Dankbarkeit zum Ausdruck bringen?*

Alison

Lauren

Leanne

Das Glas ist immer halbvoll

Renya

Ständig hören wir, …

wie segensreich sich eine positive Lebenseinstellung auswirkt. Bestsellerautorinnen und -autoren haben darüber geschrieben, Psychologen haben wissenschaftliche Studien dazu veröffentlicht, und sicher ist dir auch schon aufgefallen, dass in Unterhaltungen immer wieder dieses Thema zur Sprache kommt. »Sei positiv«, »Bleibe positiv«, »Lebe mit einer positiven Einstellung« sind zu Standardsätzen geworden, die wir bei passender Gelegenheit benutzen. Aber was bedeuten sie wirklich?

Das wurde mir durch die Forschungen veranschaulicht, die Masaru Emoto mit Wasserkristallen durchführte. Emoto untersuchte, wie Energie, Gedanken, Worte und Musik sich auf Wasser auswirken. Dazu gefror er winzige, an verschiedenen Orten auf der Welt gesammelte Wasserproben und fotografierte die entstandenen Eiskristalle.

Er gelangte so zu faszinierenden Erkenntnissen darüber, wie das Wasser beeinflusst wird, wenn man in seiner Nähe Worte der Liebe und Dankbarkeit laut ausspricht oder sie sogar nur denkt. Es bildeten sich dann wunderschöne, an Schneeflocken erinnernde Kristalle, während negative Worte bewirkten, dass die Struktur des Wassers erodiert und schmutzig aussah. Wenn auf mit Wasser gefüllte Gläser Worte wie »Hoffnung«, »Frieden«, »Danke« und »Ich liebe dich« geklebt wurden, hatte das eine fast augenblickliche Wirkung, was, allerdings in negativer Hinsicht, auch für die Worte »Hass«, »du Narr« und »krank« galt.

Wissenschaftler haben ja schon lange bewiesen, dass alles aus Energie besteht. Wenn wir Dinge in ihre Bestandteile zerlegen, sehen wir, wie die Materie sich aus Atomen zusammensetzt, und wenn wir noch weiter in die Kleinheit vordringen, sehen wir, dass Atome einfach schwingende Energie sind. Und so verhält es sich auch mit dem Wasser und mit unseren Körpern. Emotos Forschungen beeindrucken mich so, weil unser Körper zu etwa 70 Prozent aus Wasser besteht! Unsere Gedanken und Worte können sich also auch sehr tief gehend auf unseren Körper auswirken.

Affirmationen …

Positive Gedanken für meinen Geist sind für mich genauso wichtig wie frische biodynamische Lebensmittel und Nährstoffe für meinen Körper. Ich bewahre meine Affirmationen neben meinem Bett auf. Gleich nach dem Aufwachen wähle ich einige davon zufällig aus. Manchmal genügt schon eine einzige, um die Stimmung für den ganzen Tag festzulegen. Ich versuche, die Affirmation wirklich zu »sein«, während des Tages diesen Gedanken zu leben. Dadurch, dass ich Affirmationen zu einem festen Bestandteil meines Alltags mache, ruhe ich stärker in meiner Mitte und fühle mich inspiriert.

Wenn ich das Gefühl habe, aus dem Gleichgewicht geraten zu sein, erinnern mich diese positiven Aussagen an die Wahrheit. Ich schreibe sie in mein Tagebuch oder auf kleine Zettel und lese sie bei jeder Gelegenheit.

Eine Liste mit Affirmationen hängt von innen an meiner Haustür, sodass ich sie jedes Mal lesen kann, wenn ich das Haus verlasse. Das hilft mir, mich mental und emotional auf den Tag vorzubereiten. Meine Träume und Ziele habe ich aufgeschrieben und bewahre sie in einer schönen Holztruhe in meinem Zimmer auf, zusammen mit Bildern von Orten, die ich gerne besuchen möchte, und von Schätzen, die ich gerne besitzen möchte.

Meine positive Einstellung verleiht mir die Energie, mein Arbeitspensum zu bewältigen und bei allem, was zu tun ist, mein Bestes zu geben. Und am wichtigsten ist: Diese positive Ausrichtung ermöglicht es mir, mit Selbstvertrauen und Inspiration das Beste aus jeder Situation zu machen. Positiv zu sein hilft dir, kraftvoll und zielgerichtet Entscheidungen zu treffen. Wenn ich mich entscheide, die Dinge positiv zu sehen, bin ich eher bereit, eine Situation aktiv handelnd zu gestalten, statt mich als hilfloses Opfer der Umstände zu fühlen.

Louise L. Hay versteht es, ihre Ideen wunderbar zu formulieren, und in ihren Büchern und auf ihren Affirmationskarten werden Louises Liebe und Warmherzigkeit spürbar. Durch ihr Buch *Gesundheit für Körper und Seele* erkannte ich, wie mächtig Gedanken sein können.

Auch wenn deine Ernährung und deine Lebensweise noch so gesund sind, wenn es in deinem Geist Negativität gibt, erzeugst du nicht nur Krankheiten in Geist und Körper, sondern lädst immer noch mehr Negativität in dein Leben ein. Du bekommst stets das, was du selbst gibst. Wenn ich mich bei negativen Selbstgesprächen ertappe oder dabei, dass ich kritisch urteile und Vorurteile hege, erinnere ich mich daran, dass es meine eigene Entscheidung ist, welchen Gedanken ich nachhänge.

Sorge dich nicht … sei glücklich!

Es passiert leicht, dass wir uns Sorgen über unser Leben machen und darüber, was die anderen möglicherweise über uns denken. In meiner Branche passiert es besonders schnell, dass man sich Sorgen macht, ob man bei einem Shooting eine gute Figur gemacht, bei einem Interview das Richtige gesagt oder überhaupt richtige Entscheidungen getroffen hat. Manchmal mache ich mir wegen solcher Dinge so viele Gedanken, dass ich darüber ganz vergesse, den Augenblick zu genießen und Freude zu haben. Wenn ich merke, dass meine Gedanken ständig sorgenvoll um ein Problem kreisen, gehe ich die Sache direkt an und ändere mein Denken. Ich finde es hilfreich, mir folgende Fragen zu stellen:

– *Gibt es wirklich Grund zur Sorge?*

Auf diese Weise kann ich erkennen, ob meine Sicht der Situation realistisch und ausgewogen ist.

– *Gibt es andere Gründe dafür, dass ich mich gestresst fühle?*

– *Was könnte schlimmstenfalls geschehen?*

Wenn man erkennt, dass man die Sache auf jeden Fall überleben wird, lässt es sich viel leichter damit umgehen. Dann überlege ich, welches das bestmögliche Szenario ist, und dann, welches das realistischste ist.

– *Wie würde ich mich fühlen, wenn ich aufhörte, mir Sorgen zu machen?*

Das holt mich wieder zurück in die Gegenwart und erinnert mich daran, dass ich die Wahl habe, mich besser zu fühlen.

Lass dein Licht leuchten …

Es gab eine Zeit, als ich ernsthaft darüber nachdachte, den Beruf zu wechseln. Ich fühlte mich damals niedergeschlagen. Nichts schien zu funktionieren. Ich war aus Paris zurückgekehrt. Meine Zeit dort war nicht so erfolgreich verlaufen, wie ich es mir erhofft hatte, und ich begann, an meinen Fähigkeiten zu zweifeln. Als ich kurz davorstand, alles hinzuschmeißen, kam mir in den Sinn, was meine Mutter am Ende jedes unserer Telefonate sagte: »Lass dein kleines Licht leuchten.« Da wurde mir bewusst, dass ich selbst es war, die ihr Licht ausschaltete, indem sie so viele energieschwache Gedanken dachte.

Wenn ich mich niedergeschlagen fühle, konzentriere ich mich darauf, mein Licht leuchten zu lassen. Das erinnert mich daran, dass es in diesen Zeiten vor allem darauf ankommt, sich selbst treu zu bleiben. Wir werden andere nur dann überzeugen können, dass wir schön, begehrenswert und voller Selbstvertrauen sind, wenn dahinter ein tiefes inneres Wissen steht. Wenn du dein inneres Licht einschaltest und es leuchten lässt, erhellst du damit die Dunkelheit. Und dieses Licht lockt dann ganz mühelos viele überaus interessante Geschöpfe an.

Überzeuge dich selbst, nicht andere, davon, dass du warmherzig und anziehend bist. Sei warmherzig und anziehend, dann werden die Leute sich zu dir hingezogen fühlen. Dann musst du andere nicht mit Worten überzeugen, sondern deine Ausstrahlung wird unwiderstehlich sein, weil du dich selbst und die Welt in einem positiven, strahlenden Licht siehst.

Damals, in jener Nacht in Paris, nachdem ich mir bei der Fotosession die Augen verbrannt hatte, fasste ich den festen Vorsatz, mein Denken zu verwandeln und mein inneres Licht leuchten zu lassen. Ich bin sicher, dass dies der Grund für meine späteren Erfolge ist. Indem ich mein Denken änderte, transformierte ich meine Gefühle und mein Selbstbild und gewann neues Zutrauen in meine Fähigkeiten. Ich verwandelte meine Realität dahingehend, dass ich mich in jeder Hinsicht mit Positivität umgab. Als ich anfing, mich stärker wertzuschätzen, änderte sich mein Leben zum Besseren.

Du kannst jede Situation dramatisch verändern, indem du deine innere Einstellung überdenkst. Bis zum heutigen Tag sagt meine Mutter immer noch: »Lass dein kleines Licht leuchten.« Und das bewirkt jedes Mal, dass ich mich besser fühle und das Positive in meinem Leben sehe und wertschätze. Es kommt stets auf die innere Einstellung an.

Die eigene Kraft entdecken …

Der Rest dieses Buches besteht aus Gedanken der Kraft, die dich dazu motivieren und ermutigen werden, ein Leben in Fülle und Zuversicht zu führen. Sie stammen von Menschen, die eine Quelle der Inspiration für mich waren, unter ihnen Louise L. Hay, Deepak Chopra und Wayne W. Dyer, um nur einige zu nennen. Jeden dieser Gedanken der Kraft habe ich durch meine eigenen Affirmationen ergänzt, damit er für dich noch besser nutzbar ist. Wie auch immer deine momentane Stimmung oder Situation sein mag, du findest hier bestimmt einen Kraft-Gedanken, der dir hilft, eine positivere Einstellung zu entwickeln. Du kannst das Buch auf vielfältige Weise nutzen – hier sind ein paar Vorschläge:

1. Finde den Gedanken der Kraft, der eine Veränderung bewirkt und in dir das positive Gefühl weckt, das du dir wünschst.

2. Nimm das Buch in die Hand und schlage intuitiv eine Seite auf. Dort steht die passende Affirmation, die dir genau die Art von positiver Energie bringt, die du gerade benötigst.

3. Blättere im Buch und suche den Kraft-Gedanken, den du momentan gerne anwenden möchtest. Wenn du dir zum Beispiel gerade mehr Zuversicht wünschst, passt die Affirmation »Ich löse mich von allen Ängsten und Zweifeln«.

4. Nutze einen Kraft-Gedanken, um dein Leben sozusagen im Schlaf zu verändern. Lese diesen Kraft-Gedanken einfach mehrmals vor dem Schlafengehen und wiederhole ihn dann in Gedanken immer wieder, bis du darüber einschläfst.

Wiederholung ist der Schlüssel, um den besten Nutzen aus diesen Kraft-Gedanken zu ziehen. Denke es dir als inneres Trainingsprogramm, um Kraft aufzubauen, die es dir ermöglichen wird, jede Herausforderung zu meistern. Louise L. Hay sagte mir einmal, dass sich jeder einengende Gedanke durch eine Affirmation umwandeln lässt. Die Arbeit mit diesen Kraft-Gedanken ist, als würdest du Samen in die Erde pflanzen. Wenn du dein Herz pflanzen würdest, was würde daraus wachsen?

Der positive Gedanke oder dein Wunsch ist vermutlich noch nicht wahr und real, aber er ist etwas, von dem du dir wünschst, dass es Wirklichkeit wird. Wenn du den Mut findest, die Samen zu pflanzen, werden Wunder geschehen. Es wird nicht gleich am ersten Tag der volle Nutzen sichtbar werden, aber wenn du die Kraft-Gedanken regelmäßig anwendest, wird dein inneres Selbst rasch wieder in Form kommen.

Rose Marie

Jane

Lilly

Tahli

Träume dich zum Erfolg

Ich liebe meinen Schlaf …

und meine Träume, also nutze ich Kraft-Gedanken besonders gerne, während ich schlafe. Wir können unsere Träume einsetzen, um Probleme zu lösen. Denke an den Satz: »Ich werde es überschlafen.« Jeder Mensch träumt auf seine eigene, einzigartige Weise. Mithilfe von Kraft-Gedanken kannst du deine Träume programmieren, sodass du bereits in positiver Geisteshaltung aufwachst und den Tag mit einem Lächeln begrüßt.

Träume sind ein enorm wichtiger Teil meines Lebens. Seit Jahren notiere ich sie in Traumtagebücher und spreche mit Freunden und meiner Familie darüber. Träume zu entschlüsseln kann viel Spaß machen und zu wertvollen Einsichten führen, die uns helfen, innere Harmonie zu finden. Nach dem Aufwachen vergessen wir unsere Träume oft sofort, sodass nur ein Gefühl bleibt. Mein Freund Leon Nacson, ein bekannter Traum-Coach, hat ein System entwickelt, das ich gerne anwende. Man nutzt dabei positive Affirmationen, um die eigenen Träume zu programmieren und zugleich den Alltag zu verändern.

Das funktioniert so:

Wenn du eine Veränderung anstrebst und genau weißt, welcher Kraft-Gedanke für diese Absicht passend ist, schlage sofort die entsprechende Seite auf. Wenn du eher allgemein nach Inspirationen suchst oder unsicher bist, welche Affirmation dir gerade besonders gut helfen kann, schlage einfach zufällig irgendeine Seite auf.

Notiere den Kraft-Gedanken auf einen Zettel, lies ihn dir laut vor und lege den Zettel unter dein Kopfkissen. Denke den Kraft-Gedanken immer wieder, bis du einschläfst. Wenn du aufwachst, wiederhole als Erstes deinen Gedanken. Das ist eine effektive Methode, um die Wirkung von Affirmationen zu verstärken. Ich habe einige Affirmationen aus Leons Kartenset ausgewählt und benutze sie regelmäßig, was bei mir sehr gut funktioniert.

Erfinde deine eigenen Kraft-Gedanken …

Am Ende des Buches findest du einige persönliche Kraft-Gedanken, die ich selbst formuliert habe.

Auch du kannst deine eigenen erfinden, speziell auf deine Bedürfnisse zugeschnitten. Hier einige Tipps, wie du wirkungsvolle Kraft-Gedanken formulieren kannst:

- Wähle einen Satz, der genau beschreibt, was du dir wünschst. Kurze, kraftvolle Aussagen funktionieren besser als lange, umständliche Sätze.

- Der Satz soll in der Gegenwartsform formuliert sein. Zum Beispiel: »Ich gehe leidenschaftlich gerne zur Schule/zur Arbeit«, statt: »Ich werde leidenschaftlich gerne zur Schule/zur Arbeit gehen«. Mit der ersten Affirmation kannst du deine gegenwärtige Situation verändern, während die zweite auf einen unbestimmten Punkt in der Zukunft hinweist, sodass du eventuell ewig auf die Erfüllung deines Wunsches wartest!

- Dein Kraft-Gedanke sollte immer eine positive Sicht widerspiegeln, keine negative. Formuliere zum Beispiel nicht: »Mein Job macht mir keinen Spaß mehr, und deshalb gehe ich ziemlich lustlos zur Arbeit.« Damit setzt du deine Berufslaufbahn in ein negatives Licht. Formuliere deine Kraft-Gedanken immer positiv: »Ich habe einen Job, der mir große Freude macht, sodass ich leidenschaftlich gerne zur Arbeit gehe.« Das ist viel wirkungsvoller.

- Formuliere deine Kraft-Gedanken stets in der Ichform, denn er kann immer nur für dich selbst gelten. Kraft-Gedanken für andere Menschen anzuwenden ist nicht möglich, weil du ausschließlich deine eigene Realität verändern kannst. Du musst zunächst in dir selbst Glücklichsein erzeugen, dann kann es von dir auf andere ausstrahlen.

Bleibe am Ball … alles ist möglich …

Bewahre dieses Buch stets in deiner Nähe auf: auf dem Nachttisch, in der Handtasche, am Arbeitsplatz. Wähle jeden Morgen einen oder mehrere Kraft-Gedanken aus, um dich während des Tages von ihnen bei der Verwirklichung deiner Ziele und Träume inspirieren zu lassen.

Ein großer Teil der Gedanken und Ideen in diesem Buch entstammt nicht nur meinen eigenen Erfahrungen, sondern auch der Weisheit anderer Menschen. Ich bin erst 27 Jahre alt. Viele Lebenserfahrungen liegen vor mir, und ich bin sicher, dass mich noch so manche Herausforderung erwartet. Das Leben ist eine unaufhörliche Reise, und es wird immer neue Lektionen zu lernen geben. Neue Erfahrungen und Bekanntschaften werden mein Leben in vielfältiger Weise beeinflussen. Ich weiß, dass das, was ich bislang gelernt habe und in Zukunft lernen werde, mir helfen wird, meinen Weg durchs Leben zu finden.

Ich hoffe, dass einige dieser Gedanken bei dir auf Resonanz stoßen, so, wie es auch mir erging, als sie meinen Weg kreuzten. Und ich hoffe, dass sie dir gute Dienste leisten werden, wenn das Leben dich vor neue Herausforderungen stellt.

Denke immer daran: Es ist wie in der Geschichte mit dem Schmetterling am Anfang dieses Buches – wenn du entschlossen und positiv Widerstände und Herausforderungen angehst und meisterst, wartet auf der anderen Seite etwas Schönes auf dich.

Und auch daran solltest du stets denken: Wenn du dich selbst wertschätzt, wird das Leben dir diese innere Einstellung widerspiegeln.

Meine Mutter machte für meinen Bruder und mich
immer ganz besondere Geburtstagstorten.
Hier bin ich an meinem zweiten Geburtstag.

Auf diesem Foto war ich ungefähr zehneinhalb und ging zu meinem ersten Schulball. Oh, war ich nervös! Damals hatte ich mich selbst noch nicht wirklich akzeptiert. Ich fühlte mich gehemmt und schüchtern.

Eines meiner ersten Fotoshootings.
Das war für die Zeitschrift *Dolly*.
Damals war ich fast 14. Ich hatte mich
noch nicht wirklich gefunden, fing aber an,
eigenständiger und selbstbewusster zu werden.

Großmama und Großpapa verdanke ich
unendlich viel. Sie sind großartige,
wunderbare Menschen, und ich liebe sie sehr.

Das ist eines meiner Lieblingsfotos von Chrisso (meinem ersten Freund) und mir. Es wurde 1998 aufgenommen, etwa fünf Monate vor seinem Tod.

Frankie und ich in New York,
kurz nach meinem Umzug in diese Stadt.
Frankie ist eine wunderbare kleine Seele.

Eine meiner ersten Aufnahmen für Victoria's Secret.
Das Shooting fand in Los Roques, Venezuela, statt.
Damals begegnete ich zum ersten Mal einigen
der VS-Engel. Sie waren so schön,
und ich war immer noch etwas unsicher.

2006: Ich und die anderen Mädchen der Victoria's Secret Show, unterwegs von New York nach Los Angeles. Das war meine erste Fashionshow für Victoria's Secret.

Hier bin ich in Los Angeles auf der Bühne der Fashion-show. Ich war nervös, aber auch wirklich begeistert. Jeder meiner Schritte hatte mich zu diesem Moment hingeführt, und ich fühlte mich nun viel wohler in meiner Haut.

Beim Besuch einer Wohltätigkeitsveranstaltung in New York. Es war sehr lohnend, etwas Zeit mit diesen wunderbaren jungen Leuten zu verbringen.

Louise L. Hay ist schon lange
eine große Inspiration für mich.
Hier Louise und ich 2008 in Sydney.

2008: Hier bin ich zum ersten Mal auf dem Titelblatt von Harper's Bazaar. Der Fotograf war Michelangelo Di Battista.

Meine dritte Victoria's Secret Show.
Zum ersten Mal trage ich Engelsflügel.
Ist es nicht verrückt, dass es eigentlich
Schmetterlingsflügel sind?

Dieses Foto für das V Magazine schoss Willy Vanderperre. Es ist ein völlig anderer Look, als die Leute es bislang von mir gewohnt waren.

Fotoshooting in Südfrankreich,
diesmal für Vogue.

Inzwischen habe ich meine Vision verwirklicht,
eine eigene Naturkosmetik-Serie zu entwickeln.
Darin kommt meine Liebe zur Natur und zu
organischen Produkten zum Ausdruck.
Es handelt sich um eine Hautpflege,
wie ich selbst sie liebe und anwende.

Prada Fashion Show in Mailand, 2010.
Was für ein unglaubliches Erlebnis!

Foto von www.firstview.com

Balenciaga Fashion Show, Paris, 2010. Das war meine zweite Balenciaga-Show, und ich empfand es als große Ehre, erneut daran teilnehmen zu dürfen.

Ein aktuelles Foto von meiner Familie und mir.
Ich weiß nicht, wo ich ohne sie wäre.

Danke dafür, dass du die beste Mutter
überhaupt bist und meine beste Freundin,
und danke für deine bedingungslose Liebe.

Meine Lieblingsaffirmationen …

… und wie du sie in das Drehbuch
deines Lebens
integrieren kannst.

*Ich bin bereit,
mich zu verändern.*

Louise L. Hay

Ich fließe frei mit dem Wandel des Lebens und heiße die Chancen, die er mir bringt, willkommen. Während ich neue Erfahrungen mache und dazulerne, schaffe ich Raum für positive Gedanken und Handlungen.

Ich ruhe in meiner Mitte und vertraue auf meine persönliche Kraft.

Deepak Chopra

Ich bin ein kreativer Mensch mit grenzenlosem Potenzial. Ich öffne mich für die Erfüllung meiner Wünsche und wertschätze und ergreife jede sich mir bietende Gelegenheit.

Ich bin es wert,
geliebt zu werden.

Louise L. Hay

Ich ehre und akzeptiere mich als den
einzigartigen Menschen, der ich bin.
Ich bin zufrieden, lebendig und wertvoll.
Ich schenke und empfange
bedingungslose Liebe.

Ich weiß, dass mein Weg nicht der einzige Weg ist.

Brian L. Weiss

An jedem Tag bin ich offen für die unendlichen Möglichkeiten, die das Universum für mich bereithält. Ich erkenne alle meine Chancen und wähle voller Selbstvertrauen die Möglichkeiten aus, die ich für mich nutze, wobei ich alles wertschätze, was sich mir anbietet.

Ich bin bereit, zu vergeben.

Louise L. Hay

Ich lasse die Vergangenheit hinter mir
und öffne mein Leben für die grenzenlose
Freiheit, die aus der Vergebung erwächst.
Mit liebevollem Herzen praktiziere ich
Vergebung und freue mich über die
neuen Möglichkeiten, die sich
dadurch für mich auftun.

*Ich inspiriere jeden Menschen,
der mir begegnet.*

Miranda Kerr

Ich entscheide mich bewusst dafür,
mich auf die positiven Wesenszüge
der Menschen zu konzentrieren,
und ermutige die anderen,
dies ebenfalls zu tun.

Ich mache aus jeder Erfahrung
eine gute Gelegenheit.

Louise L. Hay

Erfahrungen, gute wie schlechte,
sind Gelegenheiten für mich, dazuzulernen
und mich weiterzuentwickeln.
Ich erkenne an, dass meine
Lebenserfahrungen mich zu dem
einzigartigen Menschen machen,
der ich bin.

Erst denken, dann reden.

Brian L. Weiss

Ich bin mir bewusst, dass meine Worte Auswirkungen auf das Leben anderer Menschen haben. Daher denke ich nach, ehe ich rede, und die Worte, die ich spreche, sind Worte der Inspiration, des Mitgefühls und der Liebe für alle Menschen.

Ich vertraue
auf meine innere Weisheit.

Louise L. Hay

Meine Intuition führt mich durchs Leben.
Meine innere Stimme weiß,
was das Beste für mich ist.
Ich vertraue auf dieses intuitive Wissen.

*Wenn ich mich in der
Opferrolle befinde,
kann ich nicht glücklich sein.*

Robert Holden

Ich bin ein mächtiges menschliches Wesen
und absolut in der Lage, meine Träume zu
verwirklichen. Ich bin zufrieden und glücklich
mit meinem Leben. Nichts hält mich zurück
und hindert mich, meine Ziele zu erreichen.
Ich entscheide mich täglich dafür,
mein Leben zu leben und meine Träume
Wirklichkeit werden zu lassen.

Ich verdiene das Beste
und ich akzeptiere jetzt das Beste.

Louise L. Hay

Dankbar wertschätze ich alles, was ich habe.
Ich habe die Macht und Kraft, täglich
das Leben zu erschaffen, für das ich mich
entscheide, und die guten Dinge zu genießen,
die das Leben mir zu bieten hat.
Ich führe ein außergewöhnliches,
erfülltes Leben und ich verdiene
nur das Beste.

Mein Leben ist dazu gedacht, mir Freude zu bereiten.

Esther & Jerry Hicks

Ich lasse zu, dass Liebe und Freude in
alle meine Handlungen hineinfließen.
Ich lebe das volle Potenzial meines Lebens,
nehme niemals einen Augenblick zu ernst
und bin gesegnet mit einem erstaunlichen,
aufregenden Leben.

Ich lasse jetzt alle
Ängste und Zweifel hinter mir.

Louise L. Hay

Ich befreie mich von Ängsten und Zweifeln. Ängste und Zweifel sind lediglich Stolpersteine.
Ich bin stark und lebe meine grenzenlosen Möglichkeiten.

Ich bin flexibel.

Deepak Chopra

Ich bin biegsam und beweglich und
fließe frei und harmonisch mit allem,
was das Universum mir schenkt.

Mein Leben funktioniert wunderbar.

Louise L. Hay

Ich bin es zufrieden, mit dem Leben
zu schwingen, und das Universum
sorgt gut für mich. Ich werde
mit einem schönen Leben belohnt.

Ich gebe mich nicht mit Mutmaßungen zufrieden.

Don Miguel Ruiz

Ich meistere jede Situation entschlossen und kraftvoll. Alle meine Entscheidungen beruhen auf Realitätssinn, Aufrichtigkeit und Integrität. Ich gebe mich nicht mit Mutmaßungen zufrieden, sondern treffe meine Entscheidungen auf der Grundlage solider Fakten.

*Mit jedem Gedanken,
den ich denke,
erschaffe ich meine Zukunft.*

Louise L. Hay

Alle meine Handlungen beruhen auf positiven, stärkenden Gedanken. Ich ermutige meine Mitmenschen dazu, an mich zu glauben, und inspiriere sie gleichzeitig dazu, an sich zu glauben.

Ich kann Nein sagen,
ohne mich deshalb schuldig zu fühlen.

Brian L. Weiss

Ich bin täglich schöpferisch und
wähle bewusst und entschlossen
meine Art zu leben. All mein Tun dient
meinem höchsten Wohl und dem der anderen.
Ich vertraue auf meine Urteilskraft
und meine Entscheidungen.

Ich befreie mich jetzt von dem Bedürfnis nach Mühsal und Leid.

Louise L. Hay

Ich verdiene es, glücklich zu sein,
und erschaffe mir ein Leben frei von
Härte und Leid. Ich bin wahrhaft gesegnet.
Ich bin stolz auf mich und alles,
was ich erreicht habe und noch
erreichen werde.

Ich bin stets umgeben von Liebe und Licht.

Miranda Kerr

Wo es Schatten gibt, existiert auch immer eine Lichtquelle. Ich bin dankbar für das Licht und die Liebe, die mich stets umhüllen.

*Geistig und körperlich beweglich,
fließe ich mit dem Leben.*

Louise L. Hay

Ich heiße jeden neuen Augenblick
willkommen. Das Universum bringt mir
wunderbare, aufregende Möglichkeiten.
Mein Leben ist ein Abenteuer,
auf das ich mich frei und positiv einlasse.

*Mein Leben ist zu kurz,
um nicht zu tun, was ich liebe.*

Robert Holden

Mein Leben ist, was ich daraus mache.
Ich bin in der Gegenwart präsent,
und alles, was ich mir im Leben wünsche,
wartet auf mich. Ich liebe, was ich tue,
und ich tue, was ich liebe.

Ich löse mich jetzt von dem Bedürfnis, mich selbst oder andere zu kritisieren.

Louise L. Hay

Ich achte und akzeptiere, dass jeder Mensch das Recht auf eine eigene Meinung hat. Kritik ist genau das: eine Meinungsäußerung, nicht mehr und nicht weniger. Wie und ob ich darauf reagiere, entscheide ich liebevoll und aus meiner inneren Stärke heraus.

Mein Geist ist ruhig.
Ich lasse Frieden in mein Leben.

Leon Nacson

Ich bin im Frieden mit meiner Welt.
Stille umgibt mich, während ich
im Glanz meines Lebens bade.

Wenn ich beschließe,
glücklich zu sein,
ziehe ich Großes in mein Leben.

Robert Holden

Ich führe ein schönes Leben voller Glück und Liebe und werde mit allen Freuden belohnt, die unser Dasein zu bieten hat. Ganz natürlich ziehe ich Großes in mein Leben. Alles, was ich habe, habe ich erschaffen.

Es ist mehr als genug für alle da,
auch für mich.

Louis L. Hay

Das Leben unterstützt mich mit all seiner Fülle, und das Universum sorgt für mich. Ich erschaffe mein Leben, indem ich kraftvoll in der Gegenwart lebe und alles wertschätze, was ich habe.

Ich entscheide mich dafür,
Win-win-Situationen zu erschaffen.

Stephen R. Covey

Das Leben sorgt in reicher Fülle für alle. Wenn ich mein Herz und meine Seele öffne und die Welt großzügig an meinen Gaben und Erfolgen teilhaben lasse, schenkt das Universum mir und anderen Menschen immer größere und schönere Entfaltungsmöglichkeiten.

Ich liebe und wertschätze mich.

Louise L. Hay

Ich fühle mich in meiner Haut wohl
und weiß, dass ich immer sicher
und beschützt bin. Ich liebe und
wertschätze mich und akzeptiere
liebevoll meine Individualität.

Wie alt ich auch bin –
nichts hindert mich,
mir meine Träume zu erfüllen.

Wayne W. Dyer

Meine Träume sind hier und jetzt wichtig für mich. Meine Imagination und meine Kraft kennen keine Grenzen. Nichts kann mich daran hindern, meine Träume zu verwirklichen.

Ich akzeptiere meine Einzigartigkeit.

Louise L. Hay

Ich liebe und wertschätze meine
Individualität und Einzigartigkeit.
Ich vergleiche mich nicht mit anderen,
denn ich bin glücklich und zufrieden,
ich selbst zu sein.

Ich bin geduldig.

Deepak Chopra

Ich bin geduldig, liebevoll und freundlich.
Ich weiß, dass ich zur rechten Zeit
am rechten Ort bin und dass das
Universum mich mit allem versorgt,
was ich brauche.

Ich bin ein strahlendes,
gesundes und lebensfrohes Wesen
aus Licht und Liebe.

Miranda Kerr

Jede Zelle meines Körpers strahlt
Liebe, Gesundheit und Freude aus.

*Es ist okay,
ab und zu allein zu sein.*

Louise L. Hay

Ich gönne mir Zeiten des Alleinseins.
Dann denke ich darüber nach,
was wirklich wichtig für mich ist und
was ich mir im Leben wünsche.
Ich nehme mir die Zeit, meine Seele
zu nähren und inneren Frieden
zu erfahren.

*Ich glaube an meine Fähigkeit,
meine Wünsche zu manifestieren.*

Deepak Chopra

Ich arbeite täglich an der Verwirklichung
meiner Träume und Wünsche
und glaube an meine Fähigkeiten.

Ich erschaffe mir jetzt eine wunderbare neue berufliche Aufgabe.

Louise L. Hay

Ich erschaffe mir meine Welt und
bin offen für neue Gelegenheiten.
Jeden Tag freue ich mich an dem
Abenteuer, mein Leben zu erschaffen.
Dabei vertraue ich dankbar auf meine
Talente und Fähigkeiten.

*Ich gebe Versprechen
und halte sie auch.*

Stephen R. Covey

Man kann sich auf mein Wort verlassen.
Ich bin zuverlässig und halte mich
an die Verpflichtungen, die ich eingehe.

*Andere zu lieben ist leicht,
wenn ich mich selbst
liebe und akzeptiere.*

Louise L. Hay

Da ich mich selbst liebe, akzeptiere und wertschätze, fällt es mir leicht, anderen Menschen Liebe zu schenken.

*Alles, was ich verliere,
wird wiedergefunden;
alle Verletzungen, die ich
erlitten habe, werden geheilt.*

Caroline Myss

Alles in meiner Welt entfaltet sich so,
wie es sein soll. Jede Veränderung,
jede Erfahrung ist eine wertvolle Lektion
und bringt mich auf dem Pfad,
der mir bestimmt ist, weiter voran.

Ich bringe meine Kreativität zum Ausdruck.

Louise L. Hay

Ich bin kreativ. Ich entfalte meine Kreativität, indem ich meine Imagination, meine Talente und Fähigkeiten frei fließen lasse. Durch meine Kreativität bringe ich mein wahres Sein zum Ausdruck.

Ich führe ein harmonisches Leben.

Miranda Kerr

Ich habe eine unglaublich
wunderbare Familie, großartige Freunde,
süße Freuden, Fülle und Weisheit
und ich führe ein harmonisches Leben.

*Ich bin offen und empfänglich
für Einkünfte, die mir auf neuen,
unerwarteten Wegen zufließen.*

Louise L. Hay

Es gibt für mich keine Grenzen.
Ich bin nur begrenzt durch meine
Vorstellungskraft. Ich bin dankbar,
tüchtig, offen, wohlhabend
und gesegnet.

Ich beginne jeden Tag
als neuer Mensch.

Brian L. Weiss

An jedem Tag erschaffe ich mir
die Lebensumstände, die ich mir wünsche.
Ich bin frei von allen einschränkenden
Glaubenssätzen der Vergangenheit.
Ich greife nach den Sternen
und erschaffe mein Leben.

Ich treffe gesunde Entscheidungen.

Louise L. Hay

Mein Körper ist unablässig damit
beschäftigt, mich zu schützen.
Ich sorge gut für ihn, indem ich gesunde
Entscheidungen treffe und ihm die Liebe
und Wertschätzung schenke,
die er verdient.

Ich bin dankbar für
alle Segnungen meines Lebens.

Deepak Chopra

Ich bin Dankbarkeit, Fülle und Liebe.
Ich liebe mein Leben und bin wahrhaft
gesegnet. Alles, was ich habe, und alles,
was ich bin, kommt aus der
Kraft der Dankbarkeit.

Was auch geschieht,
ich weiß,
dass ich alles meistern kann.

Louise L. Hay

Ich vertraue auf die angeborene Weisheit meines Körpers und ich vertraue auf das Universum. Ich folge meiner Intuition und weiß, dass ich allen Herausforderungen gewachsen bin, vor die das Leben mich stellt.

Ich freue mich an der Freundschaft und Zuneigung anderer Menschen.

Leon Nacson

Ich bin offen für neue Freundschaften und pflege die bereits bestehenden. Ich nehme mir die Zeit für die Bedürfnisse und Träume anderer Menschen und teile ihre Freude.

Anderen die Schuld zu geben
löst keine Probleme.

Louise L. Hay

Ich übernehme die Verantwortung für alles,
was ich in meinem Leben erschaffen habe.
Ich gebe anderen nicht die Schuld
für frühere Fehler. Ich selbst bin
die Schöpferin oder der Schöpfer meines
Lebens und meiner Erfahrungen.

Ich werde stets den Ort lieben,
an dem ich gerade bin.

Esther & Jerry Hicks

Ich befinde mich am perfekten Ort,
an dem ich jetzt gerade sein soll.
Ich vertraue dem Universum.
Alles, was sein soll, wird sein.

*Ich habe Freunde,
mit denen ich reden kann.*

Louise L. Hay

Ich pflege einen offenen, warmherzigen Umgang mit meinen Freunden. Ich unterstütze sie, und sie unterstützen mich, während wir gemeinsam lernen und wachsen und uns an dem erfreuen, was das Leben uns schenkt.

Alles, wonach ich suche,
finde ich in mir.

Miranda Kerr

Ich bin Liebe und schenke Liebe.
Ich bin Freude und schenke Freude.
Ich bin Glück und schenke Glück.
Alles, was ich brauche, ist in
meinem Inneren beherbergt.

Ich bin keine Sklavin von Make-up und den neuesten Modetorheiten. Ich bin einfach ich selbst.

Louise L. Hay

In allem, was ich bin und nicht bin, bin ich vollkommen. Mein Selbstwert hängt nicht von Äußerlichkeiten ab. Ich bin glücklich und zufrieden, ich selbst zu sein.

Ich liebe und ehre meine Kreativität.

Deepak Chopra

Ich bin ein schöpferischer Mensch
mit grenzenlosem Potenzial.
Ich liebe meine Kreativität und
lasse die Welt großzügig
daran teilhaben.

*Ich bin nicht die Meinungen,
die andere von mir haben.*

Louise L. Hay

Ich lebe in dem Wissen, dass ich ein erstaunliches menschliches Wesen mit grenzenlosen Möglichkeiten bin. Ich bin nicht auf die Anerkennung anderer angewiesen. Ich wertschätze, liebe und respektiere mich und bin stolz, ich zu sein.

Was immer ich mir vorzustellen vermag, kann das Universum mir verschaffen.

Esther & Jerry Hicks

Ich vertraue auf das Universum
und weiß, dass meine Vorstellungskraft
das Einzige ist, was mich begrenzt.
Ich schaffe Raum für die Entfaltung
meines Lebens, und das Universum
gibt mir alles, worum ich bitte.

Ich verhalte mich stets anständig und ehrenwert.

Louise L. Hay

Ich bin ein liebenswerter, anständiger und mitfühlender Mensch. Ich behandle andere so, wie ich selbst gerne von ihnen behandelt werden möchte: mitfühlend, mit Respekt und Anstand.

*Wohlbefinden ist
mein natürlicher Zustand.
Krankheit ist ein Betrüger.*

Caroline Myss

Mein Herz und meine Seele werden genährt, mein Verstand ist konzentriert und aktiv, und mein Geist schwingt sich in ungeahnte Höhen auf. Ich bin gesund, glücklich und zufrieden.

Ich bin mit meinem Körpergewicht glücklich und zufrieden.

Louise L. Hay

Mein Körper ist wohlgenährt, und ich akzeptiere meine Einzigartigkeit – niemand sonst ist so wie ich. Ich bin glücklich mit mir, so, wie ich bin.

Durch alle meine Handlungen bringe ich Liebe zum Ausdruck.

Miranda Kerr

Alles, was ich tue, ist frei von Bosheit oder Kritik. In meinen Handlungen zeigt sich meine Liebe, und ebenso in meinen einfühlsamen Worten.

Es ist in Ordnung,
manchmal traurig zu sein.

Louise L. Hay

Alles in meiner Welt, das Gute und das Schlechte, macht mein Wesen aus. Ich ermögliche es mir, alle Emotionen zu erleben. Traurigkeit gibt mir die Chance, alles, was ich habe, wirklich wertzuschätzen.

Ich bin frei, in meinem Leben Erfolg zu erschaffen – ich habe die Wahl.

Deepak Chopra

Täglich erschaffe ich meinen Erfolg.
Jede Entscheidung, jede Wahl,
die ich treffe, wirkt sich auf die Welt aus.
Ich entfalte mein volles Potenzial in
dem Wissen, dass ich das Beste aus
meinen Talenten mache und es mein
gutes Recht ist, Erfolg zu haben.

Ich respektiere die Grenzen anderer Menschen.

Louise L. Hay

Ich erkenne die Einzigartigkeit jedes Menschen an. Ich respektiere die Entscheidungen anderer, und ebenso werden auch meine Entscheidungen respektiert. Ich baue gesunde zwischenmenschliche Beziehungen auf, die auf gegenseitigem Respekt, Aufrichtigkeit und Verständnis beruhen.

*Ich bin immun
gegen die Meinungen anderer.*

Don Miguel Ruiz

Ich bin eigenständig und in der Lage,
meine eigenen Entscheidungen zu treffen.
Ich wähle selbst, wie ich leben möchte.
Ich wertschätze und respektiere,
was andere zu sagen haben, aber
letztlich entscheide ich selbst,
wie ich mein Leben lebe.

Ich bin dankbar für jeden Tag.

Louise L. Hay

Ich bin dankbar dafür, wer ich bin und wer ich nicht bin. Ich bin dankbar für das Leben, das mir geschenkt wurde, und für alles, was ich habe, und für alles, was ich nicht habe. Jeder Atemzug ist ein Segen und gibt mir die Möglichkeit, die Freude des Lebendigseins zu erfahren.

Mein Leben hat einen Sinn und eine Bestimmung.

Deepak Chopra

Ich bin lebendig, pulsierend vor Energie
und fokussiert. Ich bewirke etwas
in der Welt. Mein Leben hat einen Sinn
und eine Bestimmung, und ich liebe alles,
was das Leben mir zu bieten hat.

Ich sorge gut für Mutter Erde.

Louise L. Hay

Das Universum sorgt für alle meine Bedürfnisse. Ich achte und ehre unseren Planeten und freue mich jeden Tag dankbar an der Schönheit der Natur.

Ich lebe leidenschaftlich,
und diese Leidenschaft macht mein
Leben spannend und aufregend
und erfüllt mich mit Energie.

Wayne W. Dyer

Das Leben ist spannend und faszinierend.
Leidenschaftlich verfolge ich meine Ziele
und ergreife die aufregenden Möglichkeiten,
die das Universum mir bietet.

Glück ist etwas,
was wir in uns selbst erschaffen.

Louise L. Hay

Ich bin zufrieden und glücklich.
Ich liebe und wertschätze alles, was ich habe und was ich bin. Ich entscheide mich täglich für das Glück und ich lebe im Frieden mit mir selbst und meiner Welt.

Ich empfinde Mitgefühl
für mich selbst und andere.

Miranda Kerr

Ich bin ein mitfühlender, liebevoller und talentierter Mensch. Ich mache das Bestmögliche aus mir und engagiere mich für das Wohl aller.

Ich kultiviere
eine positive Lebenseinstellung.

Louise L. Hay

Mit jedem Atemzug atme ich Positivität in mein Leben. Ich betrachte jede Erfahrung, gut oder schlecht, als Gelegenheit, dazuzulernen und meinen Horizont zu erweitern. Ich reagiere kraftvoll und entschlossen auf alles, was das Leben an mich heranträgt.

Nichts geschieht zufällig.

Deepak Chopra

Ich bin der Schöpfer/die Schöpferin
meines Lebens. Nichts geschieht zufällig.
Auf jeden Gedanken und jede Aktion erfolgt
eine Reaktion. Ich wähle meine Worte
und Gedanken sorgfältig, denn sie
erschaffen meine Welt.

Ich vertraue dem Leben.

Louise L. Hay

Frei fließe ich im Rhythmus des sich
vor mir entfaltenden Lebens. Ich vertraue
auf die universellen Gesetze, die täglich
meine Erfahrungen hervorbringen.
Ich weiß, dass ich gesegnet bin.

*Die Welt ist voll von Menschen,
die gerne bereit sind, mir zu helfen.*

Wayne W. Dyer

Ich bitte um Hilfe und ergreife
dankbar die helfende Hand, die sich mir
entgegenstreckt. Es wird eine Zeit kommen,
in der ich mich revanchiere und
anderen die Güte und Liebe schenke,
die mir geschenkt wurden.

Jeder Tag ist eine neue Gelegenheit.

Louise L. Hay

Jeder Tag bringt neue Chancen und Erfahrungen. Das Jetzt ist alles, was ich habe, und ich entscheide mich dafür, heute voll und ganz lebendig zu sein. Ich bin energiegeladen, begeistert und lebensfroh.

Ich bin stolz,
eine Frau zu sein.

Miranda Kerr

Ich bin eine sinnenfrohe, fürsorgliche und mitfühlende Frau. Ich stehe zu meiner Weiblichkeit und liebe, was ich bin.

Meine Familie unterstützt mich uneingeschränkt bei der Erfüllung meiner Träume.

Louise L. Hay

Ich werde immer unterstützt, geliebt und geschätzt. Meine Familie steht hinter mir und hilft bei der Verwirklichung meiner Träume.

*Ich kann gefahrlos ich selbst sein.
Furchtlos lebe ich meine
höchste Wahrheit.*

Wayne W. Dyer

Mit unerschütterlicher Entschlossenheit
und frei von Furcht bringe ich mein
Selbst zum Ausdruck. Ich bin
authentisch und wahrhaftig.
Ich lebe meine höchste Wahrheit.

Ich höre auf meinen Körper.

Louise L. Hay

Mein Körper besteht aus Milliarden
Zellen, die zu meinem Wohl harmonisch
zusammenarbeiten. Ich wertschätze
meinen Körper und nehme mir die Zeit,
ihn gut zu ernähren, ihm ausreichend
Ruhe zu gönnen und sorgsam
auf seine Bedürfnisse zu achten.

*Meine Sicht des Lebens
ist offen und großzügig.
Ich habe einen weiten Horizont.*

Deepak Chopra

Es gibt keine Grenzen für mich –
ich bin frei. Ich entscheide,
was ich mir wünsche, und alles,
was ich mir wünsche, ist für mich
jederzeit verfügbar. Ich glaube an mich,
und Wunder geschehen.

Ich liebe es,
meinen Körper fit und
beweglich zu halten.

Louise L. Hay

Mein Körper ist einzigartig. Ich höre auf meinen Körper und nehme mir die Zeit, etwas für meine Fitness zu tun. Ich achte mich und stärke meine Energie, indem ich Dinge tue, die mir von Herzen Freude machen.

Es ist wunderbar,
selbst das Drehbuch
meines Lebens zu schreiben.

Miranda Kerr

Mit Leidenschaft und Hingabe erschaffe
ich täglich mein Leben. Von Augenblick
zu Augenblick schreibe ich das
aufregende, wundervolle
Drehbuch meines Lebens.

Alles ist gut in meiner Welt.

Louise L. Hay

Ich vertraue darauf, dass alles,
was in meiner Welt geschieht, meinem
höchsten Wohl dient. Mit jedem Atemzug
erschaffe ich meine Welt – eine Welt,
die ich wertschätze und in Ehren halte.

Ich mache anderen gerne Komplimente
und bereichere ihr Leben,
wodurch gleichzeitig auch mein
Leben bereichert wird.

Deepak Chopra

Ich nehme mir die Zeit, all das Gute
wertzuschätzen, das andere Menschen
zu meinem Leben beitragen.
Ich fühle tiefe Dankbarkeit für die
Liebe, die meine Seele bereichert.

*Ich bin von liebevollen,
hilfsbereiten Menschen umgeben.*

Louise L. Hay

Jede Begegnung mit anderen ist wertvoll. Dafür bin ich ewig dankbar. Ich begegne allen Menschen, die meinen Weg kreuzen, mit Wertschätzung, denn jeder Mensch kann mich etwas Wertvolles lehren.

Es ist nie zu spät,
um sich einen neuen Körper
zu erschaffen.

Caroline Myss

Ich bin ein unglaublicher Mensch!
Täglich erschaffe ich durch meine
Gedanken und Gefühle mein Sein.
Heute und morgen erschaffe ich »mich«
und ich bin sehr glücklich mit meiner
Schöpfung. Ganz so, wie ich bin,
bin ich heil und vollkommen.

*Es ist völlig in Ordnung,
andere um Hilfe zu bitten.*

Louise L. Hay

Dankbar nehme ich die Liebe und Unterstützung anderer an. Ich gestatte es mir, anderen zu vertrauen und verletzlich zu sein, und ich akzeptiere, dass ich nicht alles allein schaffen muss.

Ich erkenne meine einzigartigen Talente an und bringe sie voller Freude zum Ausdruck.

Deepak Chopra

Ich bin mit einzigartigen, erstaunlichen Talenten gesegnet. Ich teile den Reichtum dieser Gaben mit meiner Familie, meinen Freunden und der Gesellschaft und trage damit zum Wohl aller bei.

Ich bin bereit,
Neues zu lernen.

Louise L. Hay

Ich bin gerne bereit, neue Erfahrungen
zu machen und an ihnen zu wachsen.
Es gibt immer etwas dazuzulernen,
und dafür bin ich dankbar.

Wenn ich loslasse,
entsteht Raum für Veränderung.

Robert Holden

Krampfhaft an vergangenen Situationen festzuhalten behindert meine Entwicklung. Ich entscheide mich dafür, alten Schmerz hinter mir zu lassen. Jeder Tag ist ein neuer Anfang und Gelegenheit für Lernen und Wachstum.

Ich bin meine beste Freundin.

Louise L. Hay

Ich wertschätze mich.
Ich achte und liebe, wofür ich stehe
und woran ich glaube. Ich bin meine
eigene beste Freundin und liebe es,
ich selbst zu sein.

Ich bin inspiriert und voller Begeisterung packe ich mein Leben an.

Leon Nacson

Wenn ich morgens aufwache, atme ich die Chancen und Möglichkeiten des neuen Tages ein und bin dankbar für meine Energie. Das Leben belebt mich und verleiht mir Kraft.

Ich halte heute inne
und schnuppere an Blumen.

Louise L. Hay

Ich nehme mir Zeit für die Dinge,
die ich gerne tun möchte. Ich umgebe
mich mit der Schönheit der Natur.
Ich bin im Frieden mit mir selbst
und meiner Welt.

*Meine Erwartungen an
andere sind realistisch,
und so halten es die anderen
auch mir gegenüber.*

Deepak Chopra

Ich lebe in einer Welt der Wertschätzung,
nicht der Erwartung, und meine
Beziehungen zu anderen Menschen
sind harmonisch und liebevoll.

Ich bin innerlich glücklich, gelassen und friedvoll.

Louise L. Hay

Ich kann selbst wählen, wie ich mich fühle und wie ich reagiere. Ich verdiene es, alles zu bekommen, was ich mir vom Leben wünsche. Ich glaube an mich. Ich bin immun gegen die Negativität anderer Leute. Ich bin glücklich, gelassen und friedvoll.

Ich befreie mich von schlechten Gefühlen gegenüber anderen Menschen und strebe nicht nach Rache.

Leon Nacson

Ich bin Vergebung und Liebe, und ich schreite voran in der Gewissheit, dass die Vergangenheit keinen Einfluss auf mich und meine Zukunft hat. Alle schlechten Gefühle, die möglicherweise noch in mir sind, lösen sich auf und werden durch Akzeptanz und Liebe ersetzt.

Mein Einkommen wächst stetig.

Louise L. Hay

Das Universum versorgt mich mit allem,
was ich brauche. Ich bin offen und
empfänglich für alle Möglichkeiten
und Chancen, die es mir bietet.
Das hat zur Folge, dass ich gedeihe
und in Fülle lebe.

Jede Beziehung zu einem anderen Menschen lehrt mich etwas Wertvolles über mich selbst und andere.

Deepak Chopra

Ich bin offen dafür, ständig Neues zu lernen, andere zu inspirieren und von ihnen inspiriert zu werden.

Ich vertraue darauf,
dass meine Zukunft positiv sein wird.

Louise L. Hay

Jeden Tag erschaffe ich meine Zukunft,
und diese Zukunft ist reich an Liebe
und allen guten Dingen des Lebens.

Ich bin einfühlsam und
habe ein offenes Ohr für andere.

Deepak Chopra

Ich teile meine Gefühle aufrichtig den Menschen mit, die ich liebe, und ich reagiere achtsam auf die Gedanken, Bedürfnisse und Gefühle anderer Menschen.

*Ich wertschätze alles,
was Teil meines Lebens ist.*

Louise L. Hay

Das Universum beschenkt mich überreich mit guten Gelegenheiten. Ich bin dafür zutiefst dankbar. Ich nehme mir die Zeit, meine Familie und meine Freunde wertzuschätzen und zu lieben, und mein Leben ist erfüllt von Zufriedenheit und Liebe.

*Ich befreie mich von aller Wut,
denn Wut schadet mir.*

Brian L. Weiss

Ich lasse Wut zu, wenn sie in mir aufsteigt. Ich nehme wahr, dass sie da ist, und dann löse ich mich von ihr. So werde ich frei.

Meine Heilung hat bereits begonnen.

Louise L. Hay

Mein Körper ist ein Wunder.
Ich visualisiere, dass Liebe aus meinem Herzen fließt und Körper, Geist und Seele reinigt. Ich bin gesund und voller Energie.

Mein Leben ist reich an Möglichkeiten.

Deepak Chopra

Ich sehe, wie sich unendliche
Möglichkeiten für mich auftun,
denn ich weiß, dass alle meine Wünsche
in Erfüllung gehen können und
dass ich es wert bin, alles zu
bekommen, worum ich bitte.

Ich bin von Liebe umgeben.
Alles ist gut.

Louise L. Hay

Ich bin beschützt und geborgen,
denn Liebe umgibt mich.
Mein Leben ist voller Wunder.

*Ich höre einfühlsam
und aufmerksam zu.*

Stephen R. Covey

Ich praktiziere Liebe, Mitgefühl und Verständnis. Mitfühlend achte ich auf die Bedürfnisse aller lebenden Wesen. Ich habe ein offenes Ohr für die Menschen in meiner Umgebung und bin bereit zu helfen, wenn dies erforderlich ist.

Es ist gut und ungefährlich für mich, zu meinen Wünschen und Bedürfnissen zu stehen und sie aufrichtig auszusprechen.

Louise L. Hay

Meine Gedanken und Ansichten werden von mir und anderen respektiert und beachtet. Ich bin stark, gerecht und voller Selbstvertrauen. Deshalb sage ich, was gesagt werden muss. Ich spreche immer die Wahrheit.

Ich spreche mit Integrität.

Don Miguel Ruiz

Ich sage nichts Schlechtes über andere,
spreche aufrichtig und mit innerer Stärke.
Ich verurteile oder kritisiere niemanden.
Statt mich zu beklagen, spreche ich auf der
Grundlage von Wahrheit und Liebe.

Meine Talente und Fähigkeiten sind gefragt.

Louise L. Hay

Ich bin talentiert und mutig, und
meine Fähigkeiten sind gefragt.
Das Universum versorgt mich mit
genügend Zeit und allen Möglichkeiten,
meine Träume zu verwirklichen.

*Ich bin fest entschlossen,
mir ein glückliches Leben
zu erschaffen.*

Deepak Chopra

Ich erschaffe mir die guten
Gelegenheiten, die ich benötige.
Mit meinen Gedanken und Taten
erschaffe ich meine Welt.

Meine häuslichen Lebensverhältnisse werden von Tag zu Tag besser.

Louise L. Hay

Mein Zuhause ist mein Heiligtum – ein Heiligtum, in dem ich andere gastfreundlich empfange. Ich schaffe eine friedliche, liebevolle Atmosphäre, in der sich alle wohlfühlen. Ich freue mich an der Energie und der Liebe, mit der ich mein Zuhause erfülle.

Ich genieße nahrhaftes, köstliches Essen und sorge gut für meinen Körper.

Miranda Kerr

Ich bin ein einzigartiger Mensch.
Ich sorge dafür, dass mein Körper und mein Geist stets gut genährt sind, und lebe in Freude und Fülle.

*Mein Kraftpunkt
liegt immer in der Gegenwart.*

Louise L. Hay

Ich treffe die klare, kraftvolle
Entscheidung, in der Gegenwart zu leben,
ohne dass ich mich wegen der Vergangenheit
sorge oder versuche, die Zukunft
vorherzusagen. Ich bin offen für die Fülle,
die das Leben mir hier und jetzt bietet.

Mein Leben wird immer dann besser, wenn ich mich selbst besser behandle.

Robert Holden

Ich verdiene in dieser Welt das Beste und ich behandle mich selbst mit dem Respekt und der Liebe, die ich auch anderen bereitwillig schenke.

Ich bin immer im richtigen Alter.

Louise L. Hay

Ich lebe im gegenwärtigen Moment und genieße jeden Schritt auf meinem Weg. Ich entscheide mich dafür, mein Leben jetzt zu leben, mit jedem Atemzug.

*Ich verfüge über die Fähigkeit,
jede Aufgabe, die ich mir vornehme,
mit Leichtigkeit und auf angenehme
Weise zu erledigen.*

Wayne W. Dyer

Ich besitze die Fähigkeiten und Talente,
um meine Träume zu verwirklichen,
und ich tue das mit Dankbarkeit,
Leichtigkeit und Anmut, denn ich weiß:
Alles ist möglich.

*Ich kann mich von
der Vergangenheit lösen
und allen Menschen vergeben.*

Louise L. Hay

Ich löse mich jetzt von allem, was mir angetan wurde oder was ich anderen angetan habe. Ich vergebe mir und anderen, lebe in der Gegenwart und erfreue mich an neuen, aufregenden Chancen und Möglichkeiten.

*Ich bin hierhergekommen,
um ich selbst zu sein.*

Robert Holden

Ich gestatte es mir, authentisch zu sein. Ich strebe nach der vollen Entfaltung meines Selbst und habe keine Angst davor, mein wahres Sein zu leben.

In meinem Leben geschehen jetzt positive Veränderungen.

Louise L. Hay

Ständig lerne ich dazu und entwickle mich weiter. In jedem Moment erschaffe ich meine Zukunft. Mein Leben ist aufregend. Ich entfalte mein grenzenloses Potenzial.

Ich weigere mich,
emotionales Gift
in mich hereinzulassen.

Don Miguel Ruiz

Ich bin zufrieden. Ich wertschätze mich und bin im Frieden mit mir. Mein Herz ist aufrichtig, und dank meiner inneren Stärke kann Kritik mir nichts anhaben.

Ich verzeihe mir.

Louise L. Hay

Ich verzeihe mir und befreie mich
von dem Gefühl, nicht gut genug zu sein.
Ich schreite friedvoll und mit
Selbstakzeptanz voran, in dem Wissen,
dass ich stets mein Bestes gebe.

Ich mache mir
keine Sorgen mehr,
was andere Leute
über mich denken könnten.

Brian L. Weiss

Ich höre mir die Meinungen oder den Rat anderer Menschen aufmerksam an, aber dann entscheide ich, was für mich das Richtige ist. Alles, was ich tue, jede Entscheidung, die ich treffe, ist richtig für mich.

Es ist völlig in Ordnung für mich, meine Gefühle zu fühlen.

Louise L. Hay

Ich öffne mich dafür, alle meine Gefühle zu erleben. Ich lasse meine Gefühle frei fließen und gestatte es mir, achtsam alle Gedanken und Gefühle wahrzunehmen, die in mir aufsteigen. Stark, aufrecht und anständig meistere ich alle Herausforderungen des Lebens.

*Ich kann alles heilen,
indem ich zunächst
meine Glaubenssätze heile.*

Wayne W. Dyer

Ich glaube an mich und meine Fähigkeiten. Wenn ich auf das Universum vertraue und an mich glaube, verfüge ich über ein unbegrenztes Potenzial.

*Ich erinnere mich daran,
meinen Eltern zu sagen,
wie sehr ich sie liebe.*

Louise L. Hay

Gerne und oft sage ich meinen Eltern, wie sehr ich sie liebe. Ich erinnere mich daran, dass sie genauso viel Liebe und Anerkennung brauchen wie ich.

Ich widme mich mit Hingabe meinen Zielen und akzeptiere die Ungewissheit als Teil des Lebens.

Leon Nacson

Wenn ich auf Hindernisse und Schwierigkeiten treffe, werde ich innerlich ruhig und erhebe mich über das vermeintliche Drama. So empfange ich intuitiv die richtigen Antworten und erkenne, was zu tun ist.

Mein Partner/meine Partnerin ist die Liebe meines Lebens.

Louise L. Hay

Ich lebe in einer liebevollen Beziehung
zu einem Menschen, der mich so
liebt und wertschätzt, wie ich bin.
Wir schenken einander
bedingungslose Liebe, und unsere
Partnerschaft ist wundervoll.

Danksagung

Viele Menschen haben dieses Buch möglich gemacht …

Mein Dank gilt allen Beteiligten bei Hay House, besonders Verusha Singh, Amanda Sampson, Lisa Lord, Christine Dominguez, Dwayne Labbe, Rhett Nascon und Leon Nascon für die viele Arbeit und unermüdliche Hingabe bei der Veröffentlichung dieses Buches.

Auch möchte ich Louise L. Hay, Deepak Chopra, Eckhart Tolle, Gurumayi Chidvilasananda, Yogi Bhajan, Daisaku Ikeda und vielen anderen bemerkenswerten spirituellen Lehrern für Rat und Inspiration danken.

Marija Skara, Carlii Lyon, Ian Mussman, Brandi Bennit und Chris Colls – danke für eure unermüdliche Unterstützung und Geduld.

Allen Frauen, die ihre Blumenillustrationen zu diesem Buch beisteuerten, danke ich nicht nur für die Blumen, sondern auch für den Beitrag, den sie zu meinem Leben geleistet haben.

Ich danke meiner Familie, besonders meinem Vater, meiner Mutter und meinem Bruder Matt. Danke für das Privileg, dass ich liebevoll umsorgt aufwachsen durfte – ihr habt mich gelehrt, wie wichtig Familie ist, und ich fühle mich dadurch gesegnet. Dank an meine gesamte Familie einschließlich Nan und Pa, den Tanten, Onkeln, Vettern und Cousinen. Danke, dass ihr so wundervolle Menschen seid.

Dank an meinen Partner. Deine Weisheit und Integrität inspirieren mich ständig. Danke für bedingungslose Liebe, Akzeptanz und Verständnis. Und dafür, dass du mein Leben auf so magische Weise berührst.

Allen, die dieses Buch lesen … danke, dass ihr es mir gestattet, diese unglaubliche Reise mit euch zu teilen.

Ganz viel Liebe
Miranda

Über Miranda

Foto von Chris Colls

Miranda Kerr wuchs auf einer Farm in Gunnedah, Australien, auf. Ihre Laufbahn als Fotomodell begann, als sie mit 14 Jahren den Impulse-Modelwettbewerb von *Dolly* gewann. Sie machte ihren Highschoolabschluss und studierte an der Academy of Natural Living Ernährungslehre und Gesundheitspsychologie, ehe sie sich entschied, hauptberuflich als Model zu arbeiten.

Heute gilt Miranda als eines der bestbezahlten Topmodels der Welt und ist ein positives Idol für viele junge Frauen. Während ihrer inzwischen zehnjährigen Karriere war sie bei vielen hochkarätigen Fashionshows auf dem Laufsteg zu sehen und wird für Werbekampagnen im Fernsehen und in diversen Printmedien engagiert. Sie war auf den Covern zahlreicher Zeitschriften abgebildet, darunter *Vogue*, *GQ*, *Harper's Bazaar*, *Rolling Stone* und *ID*.

Im Jahr 2009 entwickelte Miranda KORA Organics, eine in Australien produzierte Serie von Naturkosmetika. Dabei ging es ihr darum, weltweit Frauen zu inspirieren, sich gesund zu ernähren, die eigene, einzigartige

Schönheit zu entdecken und zu erkennen, wie wertvoll und wichtig Naturkosmetika sind. Die KORA-Produkte werden über das Internet weltweit vertrieben.

Miranda wirbt außerdem für Wohltätigkeitsorganisationen in aller Welt, darunter Kids Helpline Australia, The Art of Peace Charitable Trust, Cancer Council, Breast Cancer Foundation, Australian Koala Foundation und Children International.

Mirandas Netzwerk

KORA Naturkosmetik: In Zusammenarbeit mit einem Team von Experten für Naturkosmetik hat Miranda ihre eigene Kosmetikserie auf den Markt gebracht. Sie liebt die KORA-Pflegeprodukte und benutzt sie täglich selbst. Die Qualität der Zutaten genießt bei KORA höchste Priorität.

Miranda weiß, wie sehr ihr beruflicher Erfolg davon abhängt, dass ihre Haut gepflegt und schön ist und sie sich das Zutrauen in ihre Rolle als eines der weltweit gefragtesten Supermodels bewahrt.

KORA schenkt ihr dieses Zutrauen. Unternehmensziel ist es, Frauen jeden Alters zu inspirieren, damit sie Mirandas Vorbild folgen: sich gesund ernähren, die eigene einzigartige Schönheit entdecken und erkennen, wie wertvoll und wichtig Naturkosmetika sind.

KORA enthält reine ätherische Öle, pflanzliche Bestandteile aus kontrolliert biologischer Herstellung und dazu alles, was sich Miranda für die eigene Hautpflege wünschte – Mirandas gesamtes Wissen über bewährte Schönheitsgeheimnisse ist in die KORA-Produkte eingeflossen.

Miranda und KORA sind gemeinsam bestrebt, den Menschen hochwertige Naturprodukte für eine gesunde biologische Hautpflege anzubieten.

»Jedem Hautpflegeprodukt der KORA-Serie habe ich positive, liebevolle Worte hinzugefügt – Worte wie Liebe, Frieden, Einfühlung und Glück. So durchdringen diese positiven Schwingungen die Produkte und übertragen sich auf die Person, die diese Kosmetika benutzt.«

Die KORA-Produkte sind im Internet erhältlich bei: *www.koraskincare.com*

Victoria's Secret: Im Jahr 2008 wurde Miranda ein Victoria's Secret Angel, nachdem sie bereits einige Jahre für das Unternehmen gearbeitet hatte. Regelmäßig reist sie mit dem Team von Victoria's Secret zu exotischen Orten auf der ganzen Welt. Sie betrachtet dieses Team als ihre amerikanische Familie, von der sie adoptiert wurde.

»Victoria's Secret ist eine fantastische Firma. Sie behandeln alle ihre Leute wirklich wie Engel. Es ist ein Vergnügen, mit einem so inspirierten Unternehmen zusammenzuarbeiten.«

Weitere Informationen über Victoria's Secret findest du auf: *www.victoriassecret.com*

David Jones: Miranda ist seit 2007 Modebotschafterin für Australiens führende Kaufhauskette David Jones. Sie arbeitet dort mit führenden Designern zusammen, um australische Mode zu promoten. Mehrmals jährlich fliegt sie in ihre Heimat Australien, um an Modenschauen und anderen Veranstaltungen in den Kaufhäusern teilzunehmen. Ebenfalls mehrere Male im Jahr reist Miranda mit dem David Jones Team, um sich für Werbekampagnen der Kaufhauskette fotografieren zu lassen.

»David Jones ist meine zweite australische Familie, und ich bin sehr stolz, mit einem so bemerkenswerten Unternehmen verbunden zu sein.«

Chic Management: Seit dem Beginn ihrer Modelkarriere in Sydney im Jahr 2001 steht Miranda bei Chic Management (Australien) unter Vertrag. Davor, als sie noch in Brisbane zur Schule ging, wurde sie durch June Dally Watkins betreut. Besonders dankbar ist sie Danielle Ragenard und Ursula Hufnagl, die eine entscheidende Rolle beim Aufbau von Mirandas Karriere in Australien und weltweit spielten.

»Es ist ein Segen für mich, eine Agentur zu haben, die sich in der Dynamik der Modebranche so gut auskennt. Chic hat meine Karriere angeleitet, und Ursula und Danielle sind nicht nur enorm wichtig für mein Management in Australien, sie sind auch gute persönliche Freundinnen.«

Kontakt: *www.chicmanagement.com.au*

IMG Global: Ein professionelles Team bei IMG New York berät Miranda, um den langfristigen Erfolg ihrer internationalen Modelkarriere sicherzustellen. Mirandas besonderer Dank gilt ihrer persönlichen Managerin Maja Chiesi, die es (trotz ihrer beiden Schwangerschaften) mit ihrer Arbeit bis heute ermöglicht, dass Miranda auf dem internationalen Modelparkett alles erreicht, was sie sich wünscht.

»Was kann ich sagen? Ein bloßes Dankeschön scheint unangemessen. IMG ist eine unglaubliche internationale Modelagentur. Ich empfinde großen Respekt und Wertschätzung für die Menschen, mit denen ich dort so eng zusammenarbeite. Maja ist mein Fels in der Brandung. Sie ist wie eine große Schwester für mich geworden.«

Mehr über IMG erfährst du auf: *www.imgmodels.com*

Presseagentin Carlii Lyon: Nur wenige Menschen kennen Miranda so gut wie Carlii Lyon. Sie teilen ähnliche Ansichten in allen spirituellen Fragen, und Carlii und Miranda verstehen einander blind. Mit ihrer Arbeit sorgt Carlii dafür, dass die Welt die »wahre«, erdverbundene, natürliche Miranda sieht.

»Carlii ist wundervoll. Sie kennt mich so gut, sie versteht mich und weiß, was mir wirklich am Herzen liegt. Ich kann nur sagen: Gott sei Dank, dass es Carlii gibt!«

Carliis Website: *www.ctpublicity.com*

Tahitian Noni: Miranda trinkt tahitischen Nonisaft, seit sie zwölf Jahre alt ist. Damals gaben ihre Großeltern ihr den Saft. Miranda ist überzeugt, dass er das Immunsystem stärkt und ihr zu mehr Energie verhilft. Miranda wendet Noni auch äußerlich auf der Haut gegen Pickel oder andere Hautunreinheiten und bei Sonnenbrand an.

Miranda ist überzeugt, dass der Saft mit seinem hohen Gehalt an Antioxidantien die nötigen Vitamine enthält, um die Haut jugendlich, frisch und vital zu erhalten. Deshalb ist Noni fester Bestandteil von Mirandas KORA-Kosmetiklinie.

Weitere Informationen über Nonisaft findest du auf: *www.tni.com*

Wohltätigkeitsorganisationen, die ich unterstütze:

The Koala Foundation: *www.koalafoundation.org.au*

Kids Helpline: *www.kidshelp.com.au*

Notizen

Notizen

Notizen

150.– €

Allegria

ThetaHealing™ – Die revolutionäre neue Heilmethode

VIANNA STIBAL
Theta Healing
Die Heilkraft der Schöpfung
416 Seiten
€ [D] 12,99 / € [A] 13,40
sFr 21,90
ISBN 978-3-548-74519-0

Die revolutionäre neue Heilmethode aus den USA beruht auf dem Theta-Zustand des Gehirns, einer im EEG nachweisbaren Gehirnwellenkurve, die im Zustand tiefer Entspannung und bei Hypnose auftritt. In Verbindung mit einem fokussierten Gebet – zu keinem religionsspezifischen Gott – und einer klaren Vorstellung der Heilungsabsicht entsteht dabei ein Heilprozess, der unmittelbar auf die Zellen wirkt und den von der DNA vorgegeben natürlichen Zustand des Körpers wieder herstellt.